Vergängliches Leben

-

Vom gelingenden Umgang mit Enttäuschungen, Tod und Trauer

von

Maja Schweizer

Bibliografische Information der Deutschen Nationalbibliothek: Die Deutsche Nationalbibliothek verzeichnet diese Publikation in der Deutschen Nationalbibliografie; detaillierte bibliografische Daten sind im Internet über dnb.dnb.de abrufbar.

Die automatisierte Analyse des Werkes, um daraus Informationen insbesondere über Muster, Trends und Korrelationen gemäss §44b UrhG («Text und Data Mining») zu gewinnen, ist untersagt

© 2024 Maja Schweizer (www.majaschweizer.ch)

Lektorat und Korrektorat: Nicole Maron (www.maron.ch)
Coverdesign und Umschlaggestaltung: Florin Sayer-Gabor – (www.100covers4you.com). Unter Verwendung von Grafiken von Adobe Stock: Collective Offset

Verlag: BoD · Books on Demand GmbH, In de Tarpen 42, 22848 Norderstedt

Druck: Libri Plureos GmbH, Friedensallee 273, 22763 Hamburg

ISBN: 978-3-7583-5098-6

Inhaltsverzeichnis

1 EINLEITENDE GEDANKEN 10
2 VERGÄNGLICHKEIT 13
3 STERBEN, UM LEBEN ZU KÖNNEN 21
   3.1 FREUNDSCHAFTEN 21
   3.2 ENTTÄUSCHUNGEN 28
   3.3 AUSGEGRENZT 32
   3.4 TRAUER IM ALLTAG 37
   3.5 WANDEL 42
   3.6 VERLUSTERFAHRUNG 47
      3.7.1 Materieller Verlust 51
      3.7.2 Verlust des Arbeitsplatzes 52
      3.7.3 Unerfüllte Erwartungen ans Leben 53
      3.7.4 Trennung, Scheidung 56
4 SCHAM, SCHULD, WUT 58
   4.1 SCHAM 58
   4.2 ENTWERTUNG UND SCHULDGEFÜHLE 61
   4.3 ABGESTÜRZT 71
   4.4 KONFLIKT, SCHULD UND VERANTWORTUNG 77
   4.5 TÄTER-OPFER-AUSGLEICH 80
   4.6 VERSÖHNUNG 86
   4.7 SELBSTERKENNTNIS 88
   4.8 FLUGZEUGABSTURZ 90
   4.9 SCHULD UND TRAUER 95
5 TRAUERPROZESSE 104
   5.1 LOSLASSEN UND TRAUER 104
   5.2 TRAUERPHASEN 110
   5.3 TRAUER UND TRAUMA 116

Inhaltsverzeichnis

    5.4   LAURA 120
    5.5   FINN 123

6   LEBEN, UM STERBEN ZU KÖNNEN 128

    6.1   WARUM LEBEN WIR 128
    6.2   LEBEN UND STERBEN 135
        6.2.1   *Würde und Alter* *135*
        6.2.2   *Früher Tod und Lebensfragen* *139*
        6.2.3   *Leben und Sterben mit Haustieren* *147*

7   KLEINE UND GROSSE HELFER 152

    7.1   VERTRAUEN INS LEBEN 152
    7.2   TRAUER DURCHLEBEN 156
    7.3   LIEBE UND SELBSTLIEBE 159
    7.4   REDEN UND SCHWEIGEN 162
    7.5   NAHRUNG 164
    7.6   ERHOLUNG 167
    7.7   ORIENTIERUNG 169
    7.8   GEDANKENREISE - MEDITATION 173
    7.9   AFFIRMATIONEN 180
    7.10   UNAUSGESPROCHENES UND ERINNERUNGEN 182

8   LEBENSKURVEN 184

9   LITERATURANGABEN 187

Teil 1

Lebenslinien und Prozesse

1 Einleitende Gedanken

Leben wir, um sterben zu können, oder sterben wir, um leben zu können? Wir wissen, dass das Leben vergänglich ist. Doch leben wir auch das Vergängliche?

Was hat der Tod mit dem Leben zu tun? Kann oder soll Sterben als Ziel des Lebens bezeichnet werden? Geschieht es einfach? Können wir Sterben üben? Gehört das Sterben zum Alltag oder ist es schlicht das Lebensende?

Dieses Buch möchte Anstoss geben für eine Auseinandersetzung mit dem Leben, den allgegenwärtigen Veränderungen und die darin enthaltene Vergänglichkeit, was zwangsläufig auch den Tod ins Licht rückt. Provokativ behaupte ich: Je besser wir im Alltag mit Abschied und Sterben umgehen und die Vergänglichkeit integrieren können, desto besser können wir uns auf den eigenen Tod und vielleicht auch auf den Tod von uns nahestehenden Menschen vorbereiten, was wiederum unser Leben belebt und bereichert.

Trauer braucht nicht unbedingt eine (psycho-)therapeutische Betrachtungsweise. Trauer ist Ausdruck von Verlust und Schmerz, und sie darf und soll therapeutisch begleitet werden, wenn die persönliche Situation ein stimmiges Regulieren (noch) nicht zulässt, oder jemand möchte auf fachliche

Unterstützung zugreifen. Was ich meine, ist, dass Trauer nicht per se Ausdruck eines therapeutischen Prozesses bedeuten muss. Auch im Leben finden wir Antworten, die uns stärken. Ich rege an, sich auf Lebensfragen wie die nach dem Sinn des Lebens, oder ob es ein Leben nach dem Tod gibt, einzulassen und mit ihnen auf Spurensuche zu gehen. Ich beleuchte die Trauer, bringe Sterben und Trauer in einen alltäglichen Zusammenhang und sensibilisiere für die Prozesse und Emotionen dazwischen. Manches Erleben hat nicht zwangsläufig mit dem Tod zu tun, und dennoch steht es im Zusammenhang mit kleinen Sterbensprozessen. Diese Spotligthts, mit den Ende des Buches zu findenden Ideen und Anregungen zum Umgang mit der Trauer, liefern den Schlüssel zu einem womöglich verborgenen Schatz.

Damit wir uns nicht in der Theorie verlieren, stelle ich die beiden Protagonisten Finn und Laura vor, welche diese Prozesse stellvertretend durchleben und dabei Lebensabschnitte und Phasen versinnbildlichen, die wir aus unserem eigenen Leben kennen mögen und die Aspekte der Trauer beinhalten. Dies kann schon sehr früh beginnen, deshalb beginnen die ersten Einblicke in Finns und Lauras Leben im Kindesalter. Ihre Erlebnisse sind aus dem wirklichen Leben inspiriert.

Mein sozialpädagogischer Hintergrund, verbunden mit dem Wissensfundus als Trauer- und Sterbebegleiterin und Trauerrednerin, liefern die Basis der praktischen sowie theoretischen Ausführungen. In vielen Begegnungen mit Menschen durfte ich von ihren Ressourcen lernen, aber auch erfahren, dass die

Trauer von kleinen und grossen Sterbensprozessen die Lebensfreude nachhaltig hemmen kann. Doch ist dies ein Lebensverlauf, mit dem wir uns abfinden müssen? Oder können wir Einfluss darauf nehmen, wie wir mit solchen Erlebnissen umgehen?

Vielleicht finden Sie in der nachfolgenden Vertiefung kleinere und grössere Bauteile, um Brücken zu den eigenen Herausforderungen und Veränderungen zu bauen, zu Lebenssituationen, die leidvoll und nachhaltig belastend sein können, wenn die Trümmer der Traueranteile unbeachtet herumliegen.

Ich schreibe über das Leben und den Tod, stelle Fragen und gebe Inputs und mögliche Antworten, die jedoch weder abschliessend noch allgemeingültig sind. Den Schlüssel zum passenden Schloss der Fragen darf sich jeder und jede selbst anfertigen.

2 Vergänglichkeit

Eine Blume verwelkt, der Tag vergeht, Jahreszeiten wechseln, Gedanken kommen und gehen, Lebewesen werden geboren und sterben. Vergänglichkeit findet sich täglich in unserer Umgebung, aber auch in unserem eigenen Leben. Schliesslich ist das ganze Leben Veränderung, und nichts ist beständig. Doch sind wir uns dessen bewusst, und wie gehen wir damit um? Was bleibt, sind die Spuren des gelebten Lebens – das macht zum Beispiel die Betrachtung der Jahresringe eines Baumstumpfes deutlich. Diese Maserung des Holzes verläuft nicht gleichmässig, genauso wie auch unser Leben nicht immer ruhig vor sich hinplätschert. Es gibt Unregelmässigkeiten in den Linien und Kurven. War es zu nass oder zu trocken? Kämpfte der Baum mit Krankheiten oder Schädlingen? Was sind unsere Herausforderungen und Krisen, und wie meistern wir sie?

Wenn ich an die Generation aus der Kriegs- und Nachkriegszeit denke, vergegenwärtige ich mir ihre Geschichten, die von Entbehrungen und vom omnipräsenten Mangel vieler Dinge geprägt waren, allem voran die Lebensmittelknappheit. Arbeit und Lohneinkommen waren keine Selbstverständlichkeit. Der Krieg steckte ihnen noch in den Knochen, und ihr Leben war von grosser Unsicherheit geprägt. Eine Familie zu ernähren, so dass sich die Kinder gesund entwickeln konnten, war eine Herausforderung. Wer Angst, Hunger und kein Platz zum Schlafen hat, versucht sein Überleben zu sichern und orientiert sich an diesen existenziellen Bedürfnissen.

Schon die nachkommende Generation durfte mit mehr Sicherheit in die Zukunft schauen, weil Grund- und Sicherheitsbedürfnisse nach Maslowscher Bedürfnispyramide[1] befriedigt werden konnten. Abraham Maslow, ein berühmter US-amerikanischer Psychologe, spricht in seinem klassischen Fünfstufenmodell von Mangel- und Defizitbedürfnissen, die zuerst erfüllt sein müssen, bevor sie andere Arten von Bedürfnissen (Wachstumsbedürfnisse) anstreben können. Die Generation der Nachkriegszeit konnte körperliche Bedürfnisse wie Essen und Trinken decken (physiologische Grund- oder Existenzbedürfnisse). Nahezu jeder hatte ein Dach über dem Kopf und konnte sich in seiner Umgebung sicher fühlen. Arbeitsplatzsicherheit war und ist bis heute kein Garant für sicheres Einkommen, jedoch federt seit 1984 die vom Schweizerischen Bund errichtete Arbeitslosenversicherung die Auswirkungen einer Arbeitslosigkeit ab. Weitere Sozialversicherungen wurden bereits Jahrzehnte zuvor gegründet, wie zum Beispiel 1948 die AHV (Alters- und Hinterlassenenversicherung) und 1960 die Invalidenversicherung[2] (Sicherheitsbedürfnisse). Dieser feste Boden unter den Füssen ermöglichte es, dass Freundschaften und Kontakte mehr Platz im Leben

---

[1] https://flexikon.doccheck.com/de/Bedürfnispyramide
[2] https://www.geschichtedersozialensicherheit.ch/home

einnehmen und soziale Beziehungen gepflegt werden durften (soziale Bedürfnisse). Der Wunsch nach Anerkennung und Wertschätzung befriedigten die Individualbedürfnisse und liessen auch Persönlichkeitsentfaltung zu (Selbstverwirklichung). Verzicht war zwar kein Fremdwort, bezog sich jedoch meist auf materielle Dinge, die über die Grundbedürfnisse hinausgingen. Bevor man ein Fahrrad geschenkt bekam, musste man womöglich monate- oder jahrelang darauf warten. Die Vorfreude dauerte definitiv länger als heute.

Die jetzige Generation dagegen lebt in einer sehr schnelllebigen Zeit. Es gibt zwar individuelle existentielle Unsicherheiten, jedoch im Rahmen eines Sozialsystems. Gefühlt ist alles erschwinglich, ob tatsächlich leistbar ist eine andere Frage. Gemäss dem schweizerischen Bundesamt für Statistik waren im Jahre 2022 8.2% der Wohnbevölkerung also 702'000 Personen von Einkommensarmut betroffen.[3] Die vermeintliche Sicherheit eines Sozialsystems verhindert keine Armut. Dies soll aber hier nicht weiter Thema sein. Mein Augenmerk richtet sich auf die schnelle Verfügbarkeit von Lebensmittel und Waren. In der Regel können individuelle Bedürfnisse rasch gestillt werden, und für die Selbstverwirklichung stehen viele Angebote bereit. Wenn alles greifbar, kaufbar und realisierbar ist, gibt es für die Stillung des individuellen Verlangens keine oder nur noch kurze Wartezeiten. Ein Fahrrad kann im Internet mit Direkt- oder Ratenzahlung bestellt werden, ohne dass

---

[3] https://www.bfs.admin.ch/bfs/de/home/statistiken/wirtschaftliche-soziale-situation-bevoelkerung/soziale-situation-wohlbefinden-und-armut/armut-deprivation/armut.html

man monatelang darauf sparen muss. Man muss für den Einkauf nicht einmal das Haus verlassen. Ein Klick in einem Online-Shop, und die Bestellung ist gemacht. Die Ware wird direkt nach Hause geliefert. Bequemer kanns nicht sein.

Auch der Wissensdurst kann im Internet durch eine Google-Suche effizient gestillt werden, während früher ein Stöbern in Büchern und Lexika nötig war. Das Warten hat ausgedient. Doch was macht es mit uns, wenn wir nicht mehr lernen zu warten und unbefriedigende Situationen auszuhalten? Die Toleranz gegenüber dem Aushalten von enttäuschenden Begebenheiten schwindet. Wir sind schneller frustriert. Um von diesen Gefühlen nicht überwältigt zu werden, braucht es eine Emotionsregulierung – die Fähigkeit, eine emotionale Erfahrung zu steuern und angemessen darauf zu reagieren. Also anstatt auf Frust (zum Beispiel wegen zu langen Wartens) mit einem Wutausbruch zu reagieren, braucht es eine (Emotions-) Steuerung, die uns hilft, die Situation zwar enttäuscht, aber gelassen hinzunehmen. Wenn wir die Erfahrung des Wartens nicht mehr üben müssen, rostet die Steuerung mangels Nutzung ein. Geringe Frustrationstoleranz und mangelnde Impulskontrolle sind die Rostflecken unserer Emotionen. Der Umgang mit Gefühlen kann und soll gelernt werden, um ihnen nicht vollends ausgeliefert zu sein. Wenn uns die Umwelt dabei wenig hilft, müssen wir unser eigenes Bewusstsein dafür schärfen und Strategien erlernen, die uns dabei helfen können.

In einer sicheren Welt zu leben, ist ein Privileg und wunderschön, keine Frage. Wenn jedoch das Denken für uns übernommen wird, weil zum Beispiel das Auto mit Vollbremsung stoppt, weil es findet, der Abstand zum vorderen Fahrzeug sei zu gering, oder es an allen Ecken und Enden piepst und warnt, weil die Mittellinie überquert werden könnte oder ein Abstand nicht nach definiertem Massstab der Autocodierung eingehalten wird, dann sind wir einer künstlichen Intelligenz ausgeliefert, welche absolute Sicherheit propagiert. Wollen wir das? Ähnlich sieht es aus, wenn die Medien warnen, dass wir uns bei heissem Wetter möglichst drinnen oder zumindest im Schatten aufhalten und besonders viel trinken sollen. Was streben wir als Gesellschaft an, wenn wir praktisch von garantierten Lebenssicherheiten ausgehen, die es so jedoch nicht gibt und nie geben wird? Verlieren wir dabei nicht eher den Bezug zum natürlichen Lebenskreislauf?

Nun, was hat das alles mit Trauer und Vergänglichkeit zu tun? Jeder Übergang in eine neue Situation beinhaltet Aspekte der Trauer. Vertrautes rückt in die Vergangenheit, Ungewohntes drängt sich in den Vordergrund, was womöglich Unsicherheiten in sich bergen mag. Wie wir mit Unsicherheiten umgehen, ist Teil unserer Lebenserfahrung, und in meiner Betrachtungsweise auch Teil des Umgangs mit Vergänglichem.

Vergänglich sein, bedeutet endlich sein. Irgendwann und irgendwo kommt es zu einem Schlusspunkt. Dieser kann berechenbar sein, so wie es der Wechsel der Jahreszeiten Jahr für

Jahr aufzeigt. Wir alle wissen, dass nach dem Winter, der erstarrten Naturzeit, der Frühling kommt und mit neu keimendem Leben aufblüht. Vergängliches ist jedoch nicht immer berechenbar. Darin verbirgt sich Unsicherheit, weil sich eine Situation verändert oder verwandelt. Etwas stirbt – ein Gedanke, eine Lebenssituation oder ein Zustand. Hier sehe ich die Schwierigkeit in der heutigen Zeit. Wenn Sicherheit Alltagsgewohnheit bedeutet und sogar käuflich ist, entfernen wir uns vom Gedanken und Wahrnehmen, dass Ungewissheit Teil des Lebens ist. Selbst teilverwelkte Blumen werden um den Preis der Schönheit geknickt, bevor sie vollends verblühen dürfen. Es gibt nicht nur das Eine. Wo Licht ist, ist auch Schatten; wo es Leben gibt, gibt es auch den Tod. Das Vereinen und Verinnerlichen von beiden Anteilen kann Erleuchtung bringen. Nur die Sonne UND der Regen können die Farbenpracht eines Regenbogens erzeugen.

Die einzige Sicherheit, die wir haben, ist, dass wir alle sterben werden. Wann oder in welcher Form bleibt ungewiss. Warum haben wir Angst vor dem Tod? Weil es das absolute Ende ist? Das Ende von all dem, was uns vertraut ist? Das Übertreten in einen unbekannten Zustand? Die Angst, sich haltlos zu verlieren, als würden wir nach einem Traum in einem Land aufwachen, ohne die Sprache und die Kultur zu kennen, ohne Geld, ohne inneren Kompass? Wer sind wir zu Lebzeiten? Wir definieren uns über Namen, Beruf, Familie, Geld, Hobbys; wir sind Teil einer veränderbaren Biografie; wer oder was sind wir ohne diese Kleidungsstücke? Personen, die wir mehr oder weniger gut kennen, mit einer Hülle, die wir zu Lebzeiten geschenkt bekommen haben, um unser Dasein auf Erden zu gestalten. Mit dieser (eigenen) Person leben wir ein Leben lang zusammen. Wie gut kennen wir sie wirklich? Trauen wir uns, ihr nackt zu begegnen, in der tiefen Stille mit ihr allein zu sein?

«Was geboren ist, wird sterben,

was zusammengetragen wurde, wird zerstreut,

was sich anhäuft, wird erschöpft,

was aufgebaut wurde, wird zusammenbrechen,

und was hoch war, wird niedrig werden.» [4]

Sie sind der Meinung, das sei ein alter Hut? Es sei allen sonnenklar, dass wir sterben müssen, und vollkommen logisch, dass Vergänglichkeit zum Leben gehört? Wunderbar! Dann haben sie die Wahrheit der Vergänglichkeit verinnerlicht und verstanden, und leben und handeln im Alltag aus diesem Bewusstsein heraus. Ich für meinen Teil kenne die Trauer und die Prozesse der Vergänglichkeit, bin jedoch immer wieder

---

[4] Rinpoche Sogyal, «Das tibetische Buch vom Leben und Sterben», 2010, S. 47, 2010, MensSana Verlag

gefordert, diese im Hier und Jetzt in mein Leben zu integrieren. Geht es Ihnen nicht auch so? Meine Beobachtungen zielen dahin, dass sich viele Menschen mit diesen Themen schwertun. Nicht, dass es einfach wäre. Sich davor zu verschliessen, ist jedoch wenig hilfreich ist und erleichtert das Leben keinesfalls, oder wenn, dann nur kurzfristig. Irgendwann holen uns die nicht gelebten Anteile des Lebens ein.

3 Sterben, um leben zu können

3.1 Freundschaften

«Jetzt! Gleich hab ich dich!», ruft Laura der Wolke nach, die sie mit weit ausgestreckten Armen und ihren kleinen Händen zu greifen versucht. Jeder Schwung ist der Flügelschlag eines Adlers, der sich hoch in den Himmel aufschwingt. Mit jedem Lüftchen, das ihr durch die langen Haare bläst, steigt sie höher und höher. Schwebend, sanft getragen vom Wind, dem Himmel näherkommen. Es fehlt nur noch wenig, um nach der Wolke greifen zu können.

Laura vergisst, dass sie auf der Spielplatz-Schaukel sitzt, so sehr taucht sie in ihre Sehnsucht ein, dem Boden zu entfliehen und zusammen mit den grossen Vögeln am Himmel zu segeln. «Irgendwann schaffe ich es, die Sonne oder die vorbeiziehenden Wolken einzufangen», ist sie überzeugt. Träumend verwandelt sie sich und fantasiert sich elegant durch die Lüfte. Ach, wie gerne hätte sie Federn und Flügel wie ein

Vogel. Wie klein die Welt unter ihr wohl aussehen würde? Menschen so winzig wie Zwerge oder gar wie Ameisen?

Laura bekommt nicht mit, dass ihr jüngerer Bruder Finn sich zur gleichen Zeit als kluger Bergführer beweist und manch gefährliches Kletterabenteuer durchlebt. Finn ist in seiner Welt mit imaginären Bergwanderern unterwegs, die er souverän auf gefährlichen Wegen zu den höchsten Gipfeln führt. Stark und voller Energie steigt er voran und leitet die anderen an, wie sie ihm hinterherklettern können. «Hast du gesehen, wie tief diese Schlucht da unten ist? Du musst sehr vorsichtig gehen, so wie ich! Und ja nicht runterschauen! Mir macht das ja nichts, aber das kann nicht jeder!», redet er stolz und belehrend auf seine imaginären Begleiter ein. Jedes Spielgerät verwandelt sich in seiner Fantasie in eine Herausforderung, die es auf seinen Touren zu überwinden gilt. Die Besucherbank wird zu einer wackligen Hängebrücke, zwischen deren Holzbrettern man in die tiefe Schlucht hinuntersieht. Mutig erklimmt er die Steilwand am höchsten Berg der Welt, der Kletterturm wird zum Mount Everest, an dem er seine Kräfte misst. Finn interessiert sich für alles, was mit Klettern zu tun hat, und er hat schon viele Bilder von Berggängern am Mount Everest angeschaut, und in seinem jetzigen Abenteuer stellt er sich in den gleichen Kleidern vor wie sie. Zu Beginn seiner Tour trägt er sportliche Hosen und eine Jacke in seiner Lieblingsfarbe Blau. Seinen festen Bergschuhen stülpt er Steigeisen über, und von Etappe zu Etappe packt er sich in wärmere Schichten. Aber natürlich braucht Finn keinen Sauerstoff. «Ich bin jung und fit, ich schaffe das! Und mein Gepäck trage ich selbst», denkt Finn in kindlicher Überzeugung. Am Kletternetz krallt er sich fest in die Seile, weil überraschend ein tosender Sturm aufgezogen ist und das Vorwärtskommen verunmöglicht. Die Rutsche wird zum eisigen Schneefeld, das nur auf dem Hintern gleitend überquert werden kann. Stiege für Stiege steigt er die Leiter hoch, welche in einem sehr engen Felsspalt angebracht ist und Finns Geschicklichkeit prüft.

Der freie Adler und der kühne Alpinist landen irgendwann wieder auf festem Boden und verlassen ihre fantastischen Abenteuer, um sich gleich darauf gemeinsam ins nächste zu stürzen. Sie foppen sich beim Fangen spielen und wetteifern an der Rutsche um Schnelligkeit. Das Karussell drehen sie so heftig, dass es sie fast vom Sitz hebt, stets mit einemprüfenden (und vielleicht hoffenden) Blick, ob es dem anderen wohl übel wird.

Piet, Finns bester Freund, kommt angerannt und will mitspielen. Finn übernimmt sofort die Führung und erklärt sich wieder zum erfahrenen Bergführer, der den wandernden Piet durch die Gefahren der Berge führt. Angeseilt überqueren sie Gletscherspalten und Bergkämme, Finn liest die Spuren der wilden Bären und führt Piet sicher über Stock und Stein.

Lauras Freundin Selina ist heute nicht auf dem Spielplatz. Oft darf Laura bei ihr zu Hause spielen. Sie sehen sich zum Glück täglich in der Schule, so ist ein Nachmittag ohne sie auf dem Spielplatz ganz okay, auch wenn es mit Selina schöner wäre. Mit ihr zusammen macht das Fliegen noch mehr Spass, denn die Freundin liebt das träumerische Fliegen genauso wie

Laura. Sie beneidet die Jungs heute ein bisschen um ihre gemeinsamen Abenteuer, möchte aber nicht mitwandern, sondern viel lieber fliegen. Also schaukelt sie sich wieder durch die Lüfte, wo König Adler seine Flügel ausspannt.

Die Spielplatzidylle wird von Lauras und Finns Mama wachsam im Auge behalten, damit die Kids sicher durch ihre Abenteuer kommen. Davon merken sie jedoch nichts, sie sind in ihrem Spiel vertieft, bis die Mütter finden, es sei Zeit, nach Hause zu gehen. Doch am Abend erfährt Laura von ihrem Papa etwas, das ihr federleichtes Gefühl aus dem Spielnachmittag tonnenschwer auf den Boden stürzen lässt. Selinas Familie habe sich entschieden, von hier wegzuziehen. Sie werde nicht sehr weit weg wohnen, aber sie müsse das Schulhaus wechseln und werde nicht mehr mit Laura zur Schule gehen. Für Laura bricht eine Welt zusammen. Wird sie Selina nie mehr wiedersehen? Papa erklärt ihr, dass Selina nicht weit weg sei. Er würde Laura mit dem Auto zu Selina fahren, damit sie sich sehen können. Laura hört das nicht, im Moment versteht sie nur, dass Selina nicht mehr in ihrer Nähe sein wird und sie nicht mehr zusammen zur Schule gehen werden. Laura hatte sich auf den Schulbeginn nach den Ferien und auf den Übertritt in die dritte Klasse so sehr gefreut. Mit Selina an der Seite hätte ihr auch die neue Klassenzusammensetzung nichts ausgemacht. Nun wird aber Selina nicht neben ihr an der Schulbank sitzen. Laura möchte am liebsten gar nicht mehr zur Schule gehen.

Als der erste Schultag kommt, sitzt Laura traurig und allein in der neuen Klasse im Schulzimmer und traut sich kaum, in die Gesichter der Mitschülerinnen zu blicken. Die ihr zugeteilte Sitznachbarin scheint nett zu sein. Aber sie ist nicht wie ihre beste Freundin. Da ist kein vertrautes Kichern. Selina fehlt ihr, Laura fühlt sich allein und möchte niemand Neuen kennenlernen. Zu Hause entkommt sie ihrer Traurigkeit, wenn sie sich wieder in die Lüfte schwingt und auf dem Rücken des Adlers zu ihrer besten Freundin fliegt. Leider trösten sie diese federleichten Ausflüge nicht lange, das Gewicht des Vermissens holt sie ein. Ihre Freundin fehlt.

Lauras Papa hält Wort und fährt sie am Wochenende oft mit dem Auto zu Selina. Doch es ist nicht mehr das Gleiche wie früher, als sie sich spontan auf dem Spielplatz treffen konnten, trotzdem freut sie sich jedes Mal wieder auf Selina. Beide erzählen sich die neuesten Erlebnisse aus der Schule. Mit der Zeit finden Selina und Laura neue Schulfreundinnen, und Lauras Sitznachbarin Patty hat sich als megacooles Girl herausgestellt. Sie hat lustige Ideen und liebt das Fliegen ebenso wie Laura. Patty möchte jedoch nicht nur wie ein Vogel segeln, sondern irgendwann als Pilotin mit einem Flugzeug in die Höhe steigen. Mega! Laura kann sich nicht vorstellen, selbst einmal einen echten Himmelsvogel zu steuern. Schon bei der Vorstellung schaudert sie. Das klare Ziel, das Patty zu haben scheint und von dem sie pausenlos erzählt, beeindruckt Laura. Patty wird zu Lauras grossem Vorbild.

Finns bester Schulfreund wurde in die Parallelklasse eingeteilt. In der Schule zeigt Finn sich stark und bestimmend, schliesslich ist er als Bergführer der Chef und sagt wo's lang geht. Seine Mitschüler betrachten ihn aber als Finn und nicht als Held der Berge. Finn eckt an. Über herablassende Blicke sieht er hinweg und spürt nicht, dass die anderen im Grunde seine Spielereien lächerlich finden und keinen Leader in ihm sehen. Das alles nimmt er hin. Dass ihn die anderen im Sportunterricht nur als zweite Wahl in ihre Gruppe aufnehmen, trifft ihn aber ganz besonders. Finn, der topfitte Held, der sich überall durchsetzen kann! Umso mehr freut er sich, Piet in den Pausen zu treffen. Piet kennt Finn und seine Vorstellungen sehr gut und ist gern mit ihm zusammen, schliesslich erleben sie gemeinsam die kühnsten Abenteuer. Die beiden verbringen jede freie Minute zusammen, Finn darf sich bei Piet stark fühlen. Doch je weniger sich Finn in der Klasse akzeptiert fühlt, desto mehr lebt er seine Dominanz bei Piet aus. «Ich bin der Chef und bestimme, was wir tun! Und du musst mitmachen», befiehlt er Piet. Piet will spielen und keinen Befehlen gehorchen und er nervt sich immer mehr. «Du kannst mir nicht immer befehlen, was ich tun muss», versucht er sich zu wehren. «Doch, weil der Bergführer den anderen befehlen darf, was sie tun müssen!», antwortet Finn wiederholt in seiner kindlichen Vorstellung. «Blödes Spiel», findet Piet. «Können wir nicht mal was anderes spielen? Ich bin der Pirat und du der Kapitän, und ich überfalle dein grosses Schiff!» Finn will sich davon nicht überreden lassen. Piet verliert die Lust an den gemeinsamen Abenteuern und zieht sich zurück. «Ich habe heute keine Zeit zum Spielen, muss Hausaufgaben machen», redet sich Piet heraus. Ein anderes Mal muss er mit zum Einkaufen, oder er hat schon mit jemand anderem abgemacht. Finn weiss genau, dass Piet nicht so viele Hausaufgaben hat, und mit seiner Mutter geht er definitiv nicht einkaufen. «Alles Ausreden, du lügst mich an!», zieht er wütend über Piet her. Finn ist seiner dominanten Energie ausgeliefert. Langsam realisiert er, dass er Piet als Freund verloren hat. Und andere Freunde hat er nicht.

3.2 Enttäuschungen

Das Leben spielend zu entdecken, ist nicht nur für Kinder eine aufregende Sache. Ich wünsche mir nicht selten eine Portion der Leichtigkeit der Kinder, die sich neugierig, frei und unbedacht im Spiel verlieren und sich in andere Welten träumen können. Auch wenn ich definitiv kein Kind mehr sein möchte, sehe ich in der kindlichen Welt viel Lust, Freude und Freiheit. Alles ist darin möglich! Natürlich ist das Kindsein nicht nur Friede, Freude, Eierkuchen. Auf Enttäuschungen folgen Wutausbrüche, auf einen Sturz folgen Tränen. So heftig, wie die Emotionen auftauchen, so schnell sind sie (meistens) auch wieder vorbeigezogen. Im Hier und Jetzt wird ausgelebt, was die Emotionen ins Schwingen bringt. Diese Qualität des Moments und die Energie der Leichtigkeit wünschte ich mir scheibenweise zwischenlagern und in unerquicklichen Zeiten hervorkramen zu können. Leichtigkeit ins (erwachsene) Leben zu lassen, hört sich oft leichter an, als es tatsächlich ist. Sabotierende innere Stimmen wie «ich kann das nicht, ich bin nicht gut genug ... » haben sich vielleicht seit Jahren tief ins Unterbewusstsein geschlichen und wirken wie Hinkelsteine, die erst mit einem Weitwurf vor der inneren Klarsicht entfernt werden müssen. Nicht Obelix' Superkräfte oder der wundersame gallische Trank verhelfen uns zu Kräften, nur wir selbst gelangen an die Quelle der inneren Wirksamkeit. Der Weg dorthin mag manchmal wie die Fata

Morgana nah und doch so fern sein. Was wir von Kindern lernen und jederzeit wieder gelingend einsetzen können, ist aber das Wegträumen. Ähnlich wie Peter Pan, der nicht erwachsen werden wollte und sich mit kreativen Ideen heldenhaft durch mutige Abenteuer spielte. Das Wegträumen, das kurze Entfliehen aus der Realität, ist an sich eine gute Sache, es schafft Distanz zur Situation, die vielleicht im Moment schwer auf einem lastet oder mit der wir uns nicht auseinandersetzen möchten. Und wie es im Wort enthalten ist – WEG-träumend – können sich neue Spuren, neue Richtungen zeigen. Fantasieren ist kreativ und erschafft eine Welt, in der alles möglich ist. Es bietet Raum für gedankliches Ausprobieren und emotionale Erholung. Gedanklich reisen, chillen, meditieren oder sich austoben – alles darf sein. Wichtig ist die sichere Rückkehr in eine bodenhaftende Verankerung, denn lässt man den Ballon fliegen, schwebt er den Winden ausgesetzt dahin, bis seine Luft verpufft ist. Was ist der Anker, der das Zurückkommen trotz Widrigkeiten im Hier und Jetzt sichert?

Das kindlich unbedachte Sein kann für uns Erwachsenen eine Inspirationsquelle sein und ist in diesem Sinne unerschöpflich.

Auch die schönste Kindheit ist nicht nur idyllisch. Ein Streit mit Geschwistern oder Freunden kann zäh an der Ungetrübtheit nagen. Ein Wunsch, der nicht erfüllt wird, lässt Schatten in den Herzenswünschen zurück. Dann soll man auch noch den Erwartungen des Umfelds (Eltern, Lehrer,

Spielkameraden) gerecht werden. Das kann einen gelegentlich arg ins Straucheln bringen.

Laura und Finn machen erste enttäuschende Erfahrungen mit Freunden. Es sind sicherlich nicht die ersten Frustrationen in ihrem Leben. Da gab es bereits manche Wünsche, die von den Eltern nicht erfüllt wurden. Finn träumt von einem Handy, das ungehört auf der Wunschliste bleibt. Und er darf nicht gamen. Seine Mitschüler reden täglich darüber und bluffen mit ihren Siegen; und Finn ärgert es, dass er nicht mitreden kann. Es sei alles nicht altersgerecht, nerven die Eltern mit ihren Argumenten. Auf Lauras Wunschliste steht ein Flug in einem Heissluftballon. Sie nervt die gesamte Verwandtschaft und alle Bekannten mit ihrem insistierenden Bitten. Doch niemand will ihr diesen (zu teuren) Traum erfüllen.

Jeder unerfüllte Wunsch, jeder kleine oder grosse Konflikt (im innen und aussen) ärgert. Sie werden zu Erfahrungen, die Einschränkungen und Grenzen spürbar machen. Unterschiedliche Interessen, Meinungen und Erwartungen prallen aufeinander. Zugegeben, Konflikte sind nervig, gehören aber zum Leben dazu. Von Klein auf lernen wir, mit Begrenzungen umzugehen und bestenfalls Strategien dafür zu entwickeln. Es sind wichtige Lernschritte im Schatten der Freude. Beides gehört zusammen – wo Licht ist, ist auch Schatten. Die Sonne kann nur als leuchtend erfahren werden, wenn man Regen und Wolken und vielleicht auch Unwetter kennt. Wenn der Sturm vorüber ist und die dunklen Wolken vorbeigezogen sind, sieht die Welt wieder freundlicher aus. Wir dürfen aus diesen Phasen lernen und als gewonnenen Wissensschritt und Lebenserfahrung abspeichern. Der Kummer während des Sturms verwandelt sich. Im besten Fall gewinnen neues Vertrauen und Freude ihren Platz zurück. Manchmal dauern Episoden, die das lichtvolle Leben vernebeln, etwas länger. Erlebnisse können nachhaltige Spuren hinterlassen, im Guten wie im Schlechten. Um erfolgreich aus ihnen heraustreten zu können, brauchen wir einen Halt im sozialen Umfeld und innere Flexibilität, um uns auf immer wieder neue Lebensumstände einlassen und uns mit ihnen auseinandersetzen zu können.

Mit dem Wegzug von Selina erfährt Laura vielleicht das erste Mal in ihrem jungen Leben einen Verlust. Wie geht sie damit um? Schafft sie es, in ihrem tiefen Innern einen Platz freizumachen für eine neue Freundin, die in ihr Leben treten könnte? Oder bleibt dieser Raum gefüllt mit der Schwere des Erlebens vom Weggang ihrer besten Freundin? Kann sie mit Patty eine neue Freundschaft aufbauen? Was ist mit Finn? Findet er einen anderen Zugang, eine andere Einstellung zur neuen Situation mit seinen Mitschülern?

3.3 Ausgegrenzt

Laura hat inzwischen realisiert, dass Patty viele Freundinnen um sich schart. Sie ist nicht die einzig wichtige Person für sie, sondern muss sie mit anderen Mädchen teilen. Das ist ihr egal, denn Patty und sie verbindet die gemeinsame Begeisterung fürs Fliegen. Das reicht ihr. Eines Morgens schleimt sich Nelly an Patty ran. Sie gehört zu der Schar von Pattys Freundinnen. Laura mag sie nicht besonders. «Hey, ich muss dir unbedingt was wichtiges erzählen!», tut sie sich wichtig. Laura will ihr nicht wirklich zuhören, sie reagiert nur aus Höflichkeit. «Ja, sag schon?!» «Weisst Du, dass Patty eigentlich null Interesse am Fliegen hat? Sie lacht über Dich und Deine Traum-Hirngespinste! Hihi, ist ja auch was Blödes. Wer kann schon fliegen ohne Flügel?» Und noch bevor diese Worte den Weg von den Ohren zum Herzen gefunden haben, ist Nelly auch schon wieder weg. Umso heftiger erschüttern Laura Nellys Worte. Mit hochrotem Kopf, als hätte man ihr ins Gesicht geschlagen, steht Laura da, und versucht das Gehörte einzuordnen. «Kann das wirklich sein? Hat Patty ihr die ganze Zeit etwas vorgespielt?» Laura zieht es bei dieser Vorstellung den Magen zusammen, und es wird ihr übel. «Warum tut Patty bei mir so nett und hintenrum lacht sie über mich? Hätte ich da nicht was ahnen sollen?» Lauras Welt steht Kopf. Gedanken kreisen in ihrem Kopf, als hätte man sie auf ein nicht enden wollendes Karusell gesetzt. «Nelly muss etwas falsch verstanden haben, oder Patty hat bloss einen Scherz gemacht», versucht sich Laura zu überzeugen. Doch sie findet in keiner Erklärung Erleichterung. Soll sie mit jemandem darüber reden? Oder Patty direkt fragen? Sie entscheidet sich, Patty darauf anzusprechen. «Findest du Fliegen doof?», fragte Laura sie mutig am nächsten Tag. «Nein, wie kommst du darauf? Ich will doch selbst Pilotin werden!», reagiert Patty direkt. «Findest du mich doof?», versucht es Laura unbeholfen. Sie will ihr nicht erzählen, was sie von Nelly vernommen hat. «Du bist doch meine beste Freundin!», antwortet Patty versichernd. Ihre Mundwinkel ziehen sich lächelnd hoch, aber ihre Augen wirken kalt wie ein Gefrierfach. Laura sieht und spürt die andere Wahrheit hinter Pattys Augen. Es verunsichert sie, sie beginnt zu zittern, und wieder beschleicht sie Übelkeit. Sie kann es einfach nicht glauben, obwohl ihr ganzer Körper rebelliert und ihr andere Botschaften mitteilen möchten. Am nächsten Tag sausen in der Pause drei Mädchen mit ausgestreckten Fliegerarmen um sie herum. Laura erkennt die Mädchen. Sie gehören zur Clique von Patty. Laura realisiert in diesem Moment, dass sie nie wirklich zu dieser Freundinnengruppe dazugehört hat. Patty macht immer nur allein mit ihr ab. Ist es immer dann, wenn die anderen keine Zeit haben? Die Mädchen kommen ihr nah, brummen nachahmend ein Fluggeräusch, blicken sie mit hämisch lachenden Augen an und umkreisen sie so eng, dass es Laura unwohl wird. Dies ist kein lustiges Spiel! Laura hört das spöttische Gelächter der drei Mädchen, als sie rasch von ihr wegrennen. «Sie machen sich lustig über mich», realisiert

Laura und erkennt gleichzeitig, dass Patty grinsend von weitem der Flugrunde zugeschaut hat. Nelly hat die Wahrheit gesagt!

Laura weint sich bei ihrer Freundin Selina aus. Selina ist wütend über Pattys Verhalten und darüber, dass sie ihre anderen Freundinnen dazu anstachelt, Laura blosszustellen. Selina tröstet Laura und versichert ihr ihre Freundschaft auf ewig. Dieser Zuspruch tut Laura gut, und dennoch lastet ein tonnenschwerer Stein auf ihrer Brust. Sie schämt sich, dass sie sich gegenüber Patty so geöffnet hat. Sie dachte, sie könnte ihr alle Geheimnisse anvertrauen. Wie konnte sie sich nur so in jemandem täuschen? Sie fühlt sich, als wäre sie nackt, als ob die Girls ihr alle (Seelen-)Kleider vom Körper gerissen hätten und sie jetzt unverhüllt und ohne Schutz dastehe. So kann und will sie nie mehr zur Schule gehen. Auch die erklärenden Worte ihrer Mutter, dass Mädchen in dem Alter sehr zickig sein können, helfen ihr nicht. «Das wird schon wieder!», besänftigt ihre Mutter. Aber beruhigt fühlt sich Laura keinesfalls. Am nächsten Tag weigert sich Laura, in die Schule zu gehen, sagt, es sei ihr schlecht und sie sei krank. Da ihre Mutter sie durchschaut, lässt sie es ihr für den einen Tag durchgehen, danach gelte wieder Schulprogramm. Widerstrebend geht Laura zur Schule. Schon auf dem Schulweg sieht sie Pattys Mädels. Kaum erblicken sie Laura, deuten sie grölend wieder die Schwingflügel an. «Flieg nicht so hoch, mein kleiner Freund ... », singen sie ironisch die Worte des berühmten Schlagerlieds. Am liebsten würde Laura umkehren und sich zu Hause im Bett unter einer Decke verkriechen. Nur das

Wissen um die Strafpunkte der Lehrerin, wenn sie in der Schule unentschuldigt fehlen würde, lässt Laura von diesem Vorhaben absehen. Schwermütig setzt sie sich im Klassenzimmer an ihren Platz. Krampfhaft bemüht sie sich, ihre Tränen zurückzuhalten.

Laura spürt, dass Patty ihr nie die gleiche Freundin sein wird, wie Selina es war. Überhaupt, sie ist und war nie eine Freundin! Laura geht Patty und ihrem Clan aus dem Weg, so gut es geht, jedoch wiederholen sich die Plagereien regelmässig. Auch das Vermitteln und Einschreiten der Lehrerin hilft kaum. Vordergründig sind alle nett zu Laura, aber wenn es niemand sieht, dann gehen die fiesen Foppereien wieder los, die mittlerweile in Beleidigungen ausarten. «Du dummes, fliegendes Huhn, gacker, gacker!» oder «Blöde Kuh ... ach nein, die kann ja gar nicht fliegen», hört Laura leise, wenn Patty an ihr vorbeigeht und sie absichtlich anrempelt. Laura kämpft täglich mit den Tränen. Traurig realisiert sie, dass sie an der Schule keine Freundin hat.

Auch in den darauffolgenden Schuljahren wird es nicht leichter, im Gegenteil, die Dynamik verhärtet sich: in der Oberstufe wird deutlich von Mobbing gesprochen. Die Rollenverteilung ist klar: Patty ist die Täterin, ihr Clan besteht aus den aktiven Mitläuferinnen, und Laura ist das Opfer. Was ihr Patty früher leise, aber fies, ins Ohr geflüstert hatte, wird nun als Hasstext in den Social-Media-Kanälen verbreitet. «Du Hure! Du warst schon immer eine arrogante blöde Fotze! Häng Dich doch auf, dann sind wir dich los!», muss Laura lesen, bevor sie einige ihrer sogenannten Freundinnen blockiert. Sie hatte so sehr gehofft, dass die zuvor erhaltenen Freundschaftsanfragen ernst gemeint waren, dass sie alle zusammen in der Oberstufe neu anfangen wollten. Wie sehr hat sie sich schon wieder getäuscht. Die Mobbingsituation verhärtet sich vollends. Trotz mehrfachen Gesprächen mit allen Beteiligten, das Einführen einer Unterstützergruppe und weiteren schulischen Interventionen kommt Laura nicht aus der Opferrolle heraus. Laura leidet. Sie mag kaum essen, die Übelkeit wird zum täglichen Begleiter, und manchmal erbricht sie. Sie vertraut niemandem mehr, zieht sich zurück und isoliert sich in ihrem Schneckenhaus.

3.4 Trauer im Alltag

Erlebte Enttäuschungen hinterlassen traurige Spuren. Gerade Kinder müssen in ihren Lernschritten erfahren, dass Wünsche nicht immer erfüllt werden können, mögen sie auch noch so leidenschaftlich ersehnt werden. Im kindlichen Dasein des Hier und Jetzt ist es unendlich frustrierend, wenn Erhofftes nicht zeitnah in Erfüllung geht. Diese Toleranz zu entwickeln, stärkt das Aushalten von unerfülltem Hoffen. Oder anders ausgedrückt: Es sind Momente der Trauer! Meist drücken Kinder dies spontan und lebendig aus, durch herzzerreissendes Weinen oder mit Wutanfällen, die ihre Enttäuschung oder Trauer zum Ausdruck bringen. So zum Beispiel der Roller den Finn nicht geschenkt bekam oder Lauras unerfüllte Ballonfahrt. Beides sind jedoch Begehren, die sich zu einem späteren Zeitpunkt erfüllen lassen; vielleicht spart Laura sich das Geld zusammen, um sich den Traum ihrer Flugreise im Luftballon als junge Erwachsene selbst zu erfüllen. Und Finn bekommt seinen Roller womöglich dann, wenn er auch wirklich alt genug dafür ist und es der Schulweg erfordert.

Verlusterfahrungen wie die von Laura, deren Freundin wegzieht oder von Finn, dessen Freund sich von ihm abwendet, sind ebenso Phasen des Trauerns. Es sind Übergänge, die entwicklungstheoretisch normal sind, die aber dennoch eine Neuorientierung fordern, deren wir uns erst stellen müssen.

Bei Laura und Finn geht es nicht nur um Freundschaftsabbrüche; es geht um nicht erhaltene Anerkennung, um Liebesentzug und Täuschung, was einer Entwertung des Selbst (Verlust des Selbstwertes) gleichkommt und die existenzielle Energie ihres jungen Daseins bedroht. Ausgrenzung und Mobbing bringen ihre junge Welt arg ins Wanken. Beide möchten ihren Platz im Leben finden.

Heranwachsende sind auf Identitätssuche. Auf der einen Seite wirken die physischen Veränderungen; der Körper schiesst in die Höhe, die Stimme verändert sich, die Geschlechtsorgane reifen, Nervenzellen verknüpfen sich neu im Gehirn ... kurz gesagt, das Mädchen wird zur jungen Frau, der Junge entwickelt sich zum jungen Mann. Meist führen die Hormone ein Eigenleben, was mit emotionalen Achterbahnfahrten einhergeht und in einer Phase der Neuorientierung wenig hilfreich ist. Vor diesem Hintergrund ergründen Jugendliche gleichzeitig ihre eigene Persönlichkeit. Wer bin ich, wie will ich sein, wo will ich hin? Das Umfeld und die Peer-Group sind ihre Spiegel und bieten Entwicklungsfelder. Die Erfahrung von Anerkennung und Bestätigung stärken ihr Vertrauen in sich selbst und führen zu einem positiven Blick in die Zukunft. «Ich bin gut so, wie ich bin», könnte eine gelungene Identität lauten. In der Pubertät braucht es auch strauchelnde Erfahrungen, um die Grenzen einer gefühlten Unbegrenztheit zu erkennen und sich in seinem Wesen zu erleben. Wenn man jedoch über einen längeren Zeitraum mit Misstrauen und Unmut konfrontiert wird, zeigen sich (Selbst-)Zweifel, Wut und Trauer als Nebenwirkungen einer solchen

Dynamik, die sich hartnäckig als Basis vieler zukünftigen emotionalen Prozesse festkrallen können.

Jeder Übergang zu etwas Neuem, wie zum Beispiel in einen anderen Lebensabschnitt (vom Kind zum Erwachsenen) sind labile Phasen. Der Übergang ist wie die Brücke über einen Felsspalt. Die Tiefe des Spaltes kann die Leere und das Unbegreifliche nach einem Verlust symbolisieren oder das noch Unergründliche des Unbekannten, das auf der anderen Seite wartet. Das Überqueren der Brücke ist der Prozess des Vorwärtsgehens und der innere und äussere Schritt auf die andere Seite. Manchmal sind Brücken stabil, und es gelingt federleicht, diese zu überqueren. Doch manche dieser Übergänge sind instabil, brüchig oder ähneln einer wackelnden Hängeabrücke, die das Hinübergehen erschwert. Verständlich, dass die Instabilität sowie die Tiefe des (Fels-)Risses Unsicherheit bringen. Diese Übergänge sind Momente der Veränderung und können als Trauerprozesse verstanden werden. Wir verabschieden uns von der einen Seite (zum Beispiel von der Kindheit) und schauen, was uns die andere Seite (Jugend und Erwachsensein) zeigt. Altes muss losgelassen werden, weil sich Neues aufdrängt. Manchmal ist das Neue erfreulich und anstrebenswert, und manchmal gänzlich unerwünscht. Zum Beispiel sind beim Feiern einer Hochzeit, dem Übergang in einen Lebensabschnitt mit einem geliebten Ehepartner, sicher mehr positive Gefühle im Spiel, als wenn sich etwas Unerwünschtes (eine Trennung oder endgültiger Verlust) von aussen aufdrängt. Dennoch ist es ein Übergang, der im sprichwörtlichen Sinn von der Stabilität der Brücke abhängt. Resilienz heisst das Zauberwort, welche über die Festigkeit der Brücke entscheidet. Das innere Seelenkleid, welches über die psychische Widerstandskraft entscheidet und die Fähigkeit, Wagnisse und schwierige Lebenssituationen ohne anhaltende Beeinträchtigung zu meistern.

Wenn ich hier also von Trauer spreche, dann beziehe ich mich nicht auf die Trauer nach einem Todesfall. Trauer kann ein alltägliches Gefühl in unterschiedlichen Intensitäten bedeuten, wobei alltäglich weder routiniert noch gewohnt bedeutet. Ich nehme hier Bezug auf kürzere oder längere Phasen von Veränderungserfahrungen im Alltag. Diese Trauer im Alltag, wie ich sie nenne, ist Bestandteil unseres Lebens. Sie gehört dazu. Jede Veränderung und jedes Loslassen ist ein Abschied. Und jeder Abschied oder Verlust beinhaltet Trauer. Doch nehmen wir das auch so wahr? Wir können uns fragen, ob es einen Unterschied macht, wie wir herausfordernde Lebenssituationen benennen. Schlussendlich ist die Wortgebung jedoch unwichtiger als der Umgang damit. Meiner Erfahrung nach speichert der Körper nicht gelebte Emotionen ab, die als Trauer zum Ausdruck kommen. Anders gesagt: Ich habe viele Menschen traurig, bedrückt oder gar depressiv erlebt, weil bestimmte Lebenserfahrungen nicht verarbeitet werden konnten. Es geht weniger ums Warum und Wieso und schon gar nicht um eine Bewertung. Ich stelle fest, dass unbewusst verdrängte Trauer sich belastend in uns verankert. Man kann auch einfach sagen: «Das gehört ja zum Leben.» Stimmt! Gerade deshalb braucht die Trauer Beachtung und Aufmerksamkeit. Denn zeigen tun sich die Gefühle sowieso, sie sind da, und sie sind normal. Ob und wie wir sie ausdrücken, ist individuell. Jeder darf, wie er will. Mit meinem Spotlight biete ich lediglich Licht für Unbeachtetes.

3.5 Wandel

Finn ist wütend auf Piet, weil er ihm aus dem Weg geht. Jeder Versuch von Finn, etwas mit seinem besten Freund abzumachen, wird von diesem abgeblockt. Piet hat mittlerweile andere Freunde an der Schule gefunden, mit denen er rumhängt. Finn hingegen ist in seiner Klasse nach wie vor wenig beliebt. Er spürt, dass er bei niemandem als Chef durchkommt. Auch das macht ihn wütend, er war doch immer der Stärkere. Selbst seine Schwester konnte er bislang rumkommandieren, auch wenn die Eltern ihn stets ermahnten, Laura keine Befehle zu erteilen. Er sei nicht der Boss. Das hat Finn nun schon oft gehört, aber er kann nicht aus seiner Haut. Als seine Lehrerin ihn zu Herrn Weiss, dem Schulsozialarbeiter, schickt, findet Finn das zuerst eine blöde Idee. Er fühlt sich zwar gelegentlich etwas isoliert, aber er ist ja deswegen kein Psycho. Er braucht keine Hilfe. Und über Gefühle reden ist Mädchensache, sicher nichts für ihn. Dennoch ist sein erster Termin Pflicht. Herr Weiss stellt sich als netter Kerl heraus. Zudem sieht er sehr sportlich und kräftig aus, was Finn imponiert. Finn beneidet ihn um seine Körpergrösse, denn er selbst ist vor zwei anderen Mädchen der Kleinste in der Klasse. Bei jeder Aufstellung nach Körpergrösse möchte Finn am liebsten davonlaufen, er sieht die belächelnden Blicke der grösseren Jungs. Er will keinesfalls mädchenhaft wirken, drum hofft er sehr, dass er noch gross wird und seine sportliche Figur mannhaft zum Ausdruck kommt. Finn erfährt, dass der Schulsozialarbeiter mehrmals pro Woche trainiert, weil er auf hohem Niveau Fussball spielt. Finn findet Fussball zwar doof, doch der sportliche Ehrgeiz verbindet die Beiden. Sie reden über Erwartungen an sich selbst und andere, und über das, was Finn von seinen Mitschülern erwartet. Was macht einen guten Chef oder Teamkapitän aus? Sie reden über Rollen, was Finn anfänglich nicht versteht. Finn lernt, dass sein Wunsch, der Chef zu sein, nicht automatisch bedeutet, dass er der Chef ist. Er hat keine entsprechende Aufgabe, wie es zum Beispiel ein Klassensprecher hätte. Und ob seine Mitschüler ihn als Vorbild anerkennen oder ihn als Chef betrachten, das bestimmt nicht er selbst, indem er seine Wünsche und Erwartungen anderen Klassenkameraden überstülpt. Sie reden über Gruppendynamik, Führer, Mitläufer, Ausgegrenzte. Besonders aufmerksam hört Finn zu, als Herr Weiss über Bergführer spricht und welche Fähigkeiten es für eine solche Aufgabe braucht. Herumkommandieren heisse nicht führen. Und manchmal hört Finn auch Worte, wie «vom hohen Ross runterkommen, Rücksicht nehmen, gemeinsam/miteinander» ... In Rollenspielen erfährt Finn, dass er auch nicht herumkommandiert werden will; er lernt die Reaktionen seiner Mitschüler besser zu verstehen. Er beginnt andere nach ihren Wünschen zu fragen, erzählt weniger von sich und lässt auch andere zu Wort kommen. In Finns Augen fühlt sich dies zwar manchmal wie eine Schwäche an, und er will keinesfalls als Schwächling gelten, doch als sich erste positive Reaktion zeigen, wird er mutiger. Nach und nach scheinen sich die Konfrontationen mit seinen Mitschülern zu legen. Er sieht einige Schüler aus der Klasse plötzlich mit anderen Augen. Immer öfter wird er im Sport direkt in die Gruppen gewählt. Seine Sportlichkeit übertrifft sein Ego, das Zusammenspiel in der Klasse fällt ihm leichter, auch wenn er nicht im Mittelpunkt steht. Gerne wäre er der Klassensprecher. Vielleicht im nächsten Schuljahr?

Laura hingegen befindet sich zunehmend in einer Abwärtsspirale. Sie geht ihren Peinigerinnen so gut es geht aus dem Weg und nimmt Umwege in Kauf, um die Schule zu erreichen. Ihre Social-Media-Kontakte haben sich massiv reduziert, da sie viele ihrer Pseudofreundinnen blockiert hat. Auf dem Schulweg, in jeder Pause und abends vor dem Einschlafen lenkt sie sich mit Musik ab. So gerne möchte sie sich zur Musik bewegen, sich im Tanz den Melodien hingeben. Wenn sie allein in ihrem Zimmer ist, gelingt ihr das manchmal. Sie setzt sich den Kopfhörer auf und versinkt in der Welt der Musik, wo Noten, Instrumente und Gesang den Ton angeben und nicht die blöden Zicken aus der Schule. Gerne möchte sie in eine Tanzgruppe, vielleicht würde sie ja dort eine neue Freundin finden? Erst als sie sich vergewissert hat, dass keine ihrer Peinigerinnen einen Tanzkurs besucht, entscheidet sie sich für Zumba-Dance. Das langjährige Ausgrenzen hat Spuren in ihrer Seele hinterlassen, sie fühlt sich minderwertig und tut sich schwer, auf andere Menschen zuzugehen. Durch die Musik und das Tanzen fühlt sie sich lebendig, auch wenn sie sich in der Gruppe nicht wohl fühlt. Laura ist noch nicht so fit wie die anderen Mädchen in der Tanzgruppe, da sie etwas später in den Kurs eingestiegen ist. Und die meisten kennen sich schon von vorherigen Kursen. «Was denken die anderen über mich? Lachen sie hintenrum, weil ich noch nicht so fit bin? Oder noch schlimmer, kennt eins der Mädchen die Zicken von der Schule, die mich trietzen, und sie reden über mich?», fragt sie sich stets. Jeder noch so kleine Fehler, den sie mit ihren Tanzschritten macht, drückt sie in dieses zehrende Gedankenkarussell, was ihr mehr und mehr Energie entzieht. Sie fühlt sich schlapp, kann nicht mit den anderen Schritt halten. Sie verlässt die Zumba-Dance-Gruppe, lässt das Tanzen bleiben und verkriecht sich in ihr persönliches Schneckenhaus. Lauras Eltern sind sehr besorgt über diese Entwicklung. Sie entscheiden sich, Laura zu einer psychologischen Beratung anzumelden. Laura will das nicht, wie soll eine Psychologin all die blöden Mädchen aus ihrem Leben entfernen können? Niemand kann ihr helfen. Die Eltern bleiben nach einer Fachberatung bei ihrem Entscheid, weil sie die Not von Laura spüren. Schon der erste Termin bei Frau Ohnesorge bestätigt Lauras Gefühl, dass diese Begleitung keine gute Sache ist. Frau Ohnesorge scheint zwar nett zu sein, aber sie stellt zu viele Fragen, deren Antworten schmerzen. Lauras Leiden wird nicht auf einen Schlag gelöst. «Ich habe es ja gewusst, dass mir niemand helfen kann», denkt sie überzeugt. Nur widerstrebend geht sie zum zweiten Termin. Frau Ohnesorge empfängt sie warmherzig und lässt Laura Zeit. Laura spürt zunehmend, dass sie sich trotz Widerstand aufgehoben fühlt. Malerisch und mit Figuren Situationen darstellend, beginnt Laura sich zu öffnen und von ihren Erlebnissen zu erzählen.

Sie lernt in kleinen Schritten, ihr Vertrauen in sich zurückzugewinnen, an sich und ihre Träume und Wünsche zu glauben. Sie darf Emotionen ausdrücken, sie darf weinen, wütend sein … alles hat Platz. Sie lernt wieder zu spüren, was ihr guttut und wie sie mehr davon erleben kann. Das Schneckenhaus, ihr innerer Rückzug- und Zufluchtsort braucht sie nach wie vor. Denn die Schulzeit bleibt für sie eine Leidenszeit. Sie lernt aber auch, was es braucht, um wieder vertrauensvoll aus dem vorübergehenden Schutz des Schneckenhauses zu kriechen und dem Alltag wieder selbstbewusster zu begegnen. Hier spielt ihre alte Freundin Selina eine Rolle, denn sie hatten vereinbart, dass sich Laura in solchen Momenten jederzeit bei Selina melden darf. Lauras Mutter unterstützt sie weiterhin liebevoll und erinnert sie an die neu gelernten Affirmationen, die sie in herausfordernden Situationen stärken:

Ich bin sicher. Ich bin genug. Ich schaffe das. Ich bin stark.

Der sichere Hafen der psychologischen Begleitung vertieft die stärkenden Erfahrungen, die Laura helfen, sich den Wellen und Wogen des Lebens wiederholt zu stellen. Mit der Unterstützung von Frau Ohnesorge fühlt sie sich gerüstet, in die Berufswelt einzusteigen, um sich später ihren Traum als Flugbegleiterin zu verwirklichen.

3.6 Verlusterfahrung

Laura und Finn haben in unterschiedlicher Form mit Hilfe von aussen einen Wandel vollziehen können. Ihre innere Einstellung zu sich selbst und oder zu anderen hat sich dadurch verändert. Sie sind trotz Schwierigkeiten nicht in der Situation verharrt, sondern haben es geschafft, ihre Situation zu verändern und neuen Boden unter den Füssen zu finden.

Wie gesagt: Die Situationen der alltäglichen Trauer nehmen nicht direkt Bezug auf einen Todesfall. Dennoch spielt der Charakter des Sterbens eine wesentliche Rolle, nämlich im Bezug auf das Erleben einer Verlusterfahrung, die auf Unbeständigkeit und Vergänglichkeit hinweist. Wenn uns das Leben eine andere Richtung zu unseren Lebenszielen und Träumen aufdrängt, wird dies zur Trauer über unerfüllte Lebenswünsche. Wir verabschieden uns von Umständen und Lebenssituationen, die wir nicht mögen, oder wir finden nicht das, was wir uns wünschen.

Diese Tode des Alltages gehören zum Leben, wir sterben, um leben zu können. Die sinnbildliche Brücke zu überqueren heisst, ein bisschen zu sterben, um auf der anderen Seite wieder Neues ins Leben zu integrieren. Im effektiven Sterbensprozess geht es ebenso um einen Übergang, nur wissen wir nicht, was auf der anderen Seite auf uns wartet.

«Abschied ist ein bisschen wie sterben», sang die Schlagersängerin Katja Epstein, und traf mit diesen Worten den Nagel auf den Kopf. Trauer wird als normale gefühlsmässige Reaktion auf einen Verlust definiert. Etwas ist nicht mehr da, was vorher fest zum Leben gehörte. Loslassen und Abschied nehmen – das ist es, was uns der Sterbensprozess am intensivsten aufzeigt. So gesehen ist jeder Abschied ein bisschen wie Sterben.

Ich bin sicher, dass jeder Mensch schon mehr oder weniger freiwillig Situationen erlebt hat, in denen zu spüren war, dass es gerade jetzt Veränderung braucht. Meistens werden diese Situationen als mühsam erlebt und mit grossem Frust oder Traurigkeit wahrgenommen. Doch wenn es gelingt, das Potential der Veränderung darin zu erkennen, anzunehmen und umzusetzen, dann wandelt sich die Trauer auch in Frieden. Verharrt man in einer unangenehmen Situation, bleibt auch der Frust. Jede körperliche Wunde braucht Pflege. Wenn sie nicht beachtet wird, heilt sie vielleicht schlecht, könnte sich entzünden oder es bildet sich eine Narbe. Bei seelischen Verletzungen ist es das Gleiche. Beachtet man sie nicht, stockt der Energiefluss. Je nach Intensität verankert sie sich als Krankheit im Körper. Wie körperlicher Schmerz für die Heilung und Genesung Beachtung und Pflege braucht, beansprucht die Trauer das gleiche für sich.

Was will ich damit sagen?

Es gibt immer wieder Lebenssituationen, die uns dazu auffordern, etwas loszulassen. Vorstellungen, Erlebnisse und Erfahrungen hinter sich zu lassen, den Weg weiterzugehen und vielleicht neue Pfade zu entdecken. Diese Herausforderungen sind manchmal sehr schwierig und können auch als kleine Sterbensprozesse verstanden werden. Emotionen mögen Vergangenem nachhängen. «Hätte ich ihm doch nur öfter gesagt, dass ich ihn liebe.» «Wie schön war unsere Zeit in den Bergen». Wünsche und Sehnsüchte richten sich in die Zukunft. «Ich wünsche mir, wir hätten mehr Zeit.» «Ich bin froh, wenn die Scheidung endlich durch ist.» Das Handeln beschränkt sich auf die Gegenwart. Das Tun, sprich Verändern, kann nur im Hier und Jetzt stattfinden. Eine Tatsache, die sicher und beständig ist. «Ich mache heute einen Termin bei einer psychologischen Beratung.» «Es ist genug, so mach ich nicht mehr weiter. Ab sofort ändere ich ... »

Mit den Veränderungen ist es so eine Sache. Wir wünschen uns eine Umgestaltung der Situation, doch an wen richtet sich die Aufforderung, etwas zu tun? Seien wir mal ehrlich, meistens meinen wir, es sind die anderen, die sich verändern müssen. Sie nerven mit ihren Anfeindungen. Der Partner ist am Beziehungselend schuld, weil er fremdgegangen ist. Die ständigen Langsamfahrer müssten die Verkehrsprüfung wiederholen oder den Führerschein abgeben. Überall mag ein Körnchen Wahrheit drinstecken. Eine Änderung herbeiführen können wir aber nur bei uns selbst. Wir haben die Macht und Freiheit über unser Fühlen und Handeln und können dieses beeinflussen. Was andere denken und tun, liegt nicht in unserer Macht. Deshalb ist es wichtig, die Ausrichtung nach innen zu lenken und Sorge zu tragen, dass man in sich selbst Zufriedenheit findet.

Ich bin überzeugt, dass der Umgang mit leidvollen Situationen, die kleinen Tode im Alltag, uns die Bedeutung des Lebens vor Augen führen. Und vielleicht können wir darin ein bisschen das Sterben üben.

3.7.1 Materieller Verlust

Ein materieller Verlust kann unterschiedlich gravierend sein. Je nach Kontext, in dem der Verlust von Geld betrachtet oder empfunden wird, zeigt sich die Intensität. Zum Beispiel, wenn ich mein Portemonnaie verloren habe mit etwas Kleingeld und diversen Karten drin, ärgere ich mich mehr über den Aufwand, dass Karten gesperrt und neu beantragt werden müssen, als über den Verlust der Münzen. Bei einer Handtasche, die im Zug liegengeblieben ist, zeigen sich vielleicht traurige Gedanken, weil es ein Geschenk einer lieben Person war. Hier rückt statt der Materie der Bezug zu einer Person (und die damit verbundenen Erlebnisse) in den Vordergrund. Ein finanzieller Verlust an der Börse gehört zum Geschäftsrisiko. Was aber steht damit im Zusammenhang? Der Traum vom Eigenheim? Das Sichern einer Existenz? Die Erweiterung von Luxus? Dramatisch drängt sich ein materieller Verlust ins Leben, wenn ein Unglück über einem zusammenbricht. Sintflutartige Regenfälle machen ein Zuhause nicht mehr bewohnbar oder ein Brand zerstört die häusliche Existenz. Eine Naturkatastrophe zerstört innert kürzester Zeit Lebensgrundlagen, die man sich über viele Jahre hinweg aufgebaut hatte. Neben dem Verlust von Wohneigentum gehen materielle Dinge wie Möbel, PC oder Kleider verloren. Manchmal sind es auch da nicht die Dinge selbst, die einen schmerzen, sondern der emotionale Wert. Fotos mit Erinnerungen von den geliebten Kindern, Bücher, die Widmungen von deren Autoren enthielten, die nicht mehr am Leben sind – oft ist es nicht die Materie, deren Verlust schmerzt (weil sie meistens ersetzbar ist), sondern die damit verbundenen Emotionen.

3.7.2 Verlust des Arbeitsplatzes

Ob angekündigt oder nicht, die Kündigung seiner Arbeitsstelle wühlt auf, egal, was der Grund dafür ist. Ein Jobverlust kann ein Schock sein. Die bewährte Sicherheit und existentielle Grundlagen sind bedroht, der Boden wird einem unter den Füssen weggezogen. Zukunftsangst, Selbstzweifel und Schuldgefühle oder auch Wut sind Teil der Emotionspalette, der man sich ausgeliefert fühlt. «Ich bin nicht verantwortlich für die finanziellen Verluste der Firma, warum also werde ich und nicht der Geschäftsführer entlassen? Was soll jetzt aus mir werden? Ich bin nicht mehr der Jüngste, werde ich wieder einen Job finden? Kann ich meine Familie ernähren?»

In der Zeit, als ich Stellensuchende begleitete, kam es nicht selten vor, dass sich die betroffenen Personen anfänglich all ihren Frust von der Seele redeten. Sehr oft ging es nicht nur um den Verlust des Arbeitsplatzes an sich, sondern um eine tiefe emotionale Verletzung in der Art, wie man mit ihnen umgegangen sei. Die fehlende Wertschätzung der über all die Jahre erbrachten, guten Leistungen.

Sie erzählten von Enttäuschung, aber auch von der Scham, auf einem Arbeitsamt vorstellig werden zu müssen. «Warum ich? Habe ich meine Arbeit nicht all die Jahre gut erfüllt und mich eingesetzt? Was habe ich falsch gemacht?» Tränen widerspiegelten die seelische Verfassung.

In einer solchen Verunsicherung braucht man Halt (am liebsten einen neuen Job), um nicht in Orientierungslosigkeit und heftigen Existenzsorgen zu enden. Die Existenzsorgen sind trotz Abfederung durch die Arbeitslosenversicherung ernst zu nehmen, denn diese deckt nicht den vollen Lohnausfall ab. Das bedeutet, der Gürtel muss enger geschnallt werden, und dieser Spielraum ist nicht für jede Person leicht wegsteckbar und somit unterschiedlich belastend. In dieser Phase habe ich mir damals viel Zeit genommen, um den persönlichen Nöten Anerkennung zu zollen, die Menschen dort abzuholen, wo sie standen. Erst dann, wenn die Stellensuchenden eine Form der Akzeptanz gefunden hatten, konnten sie sich wahrhaftig auf die Stellensuche begeben und sich für etwas Neues öffnen. Sie mussten zuerst Zuversicht und einen Umgang mit ihrer Trauer finden.

3.7.3 Unerfüllte Erwartungen ans Leben

Schon allein die Geburt eines Kindes stellt das Familienleben auf den Kopf. Wird beim Kind eine Behinderung oder eine ernsthafte Krankheit diagnostiziert, kann das eine Familie vor schwere Entscheidungen stellen. Manchmal entscheidet das Leben selbst und ein Baby wird still geboren. Die brutale Wahrheit, dass die Vorstellung vom Familienleben anders aussehen wird als erhofft, ist ein Schock. Vielleicht bleibt das Neugeborene im Geist das Leben lang ein Kind, weil es durch einen Gendefekt nicht reifen kann. Oder es braucht dauerhafte Pflege und Hilfestellung, weil eine Zerebralparese essenzielle Funktionen beeinträchtigt. Hilfestellungen, die im Kindesalter noch einfach zu bewerkstelligen sind, werden zu einer körperlichen Herausforderung, wenn das Kind zu einem kräftigen Erwachsenen heranwächst, in der Entwicklung und der Pflegebedürftigkeit jedoch im Kleinkindalter gefangen bleibt. Das sind grosse Belastungen. In der Begleitung von Menschen mit einer Beeinträchtigung wurde ich oft Zeugin von erlebten Trauerprozessen. Eine betroffene Mutter hat es einmal ungefähr so beschrieben: »Es ist, als freue man sich auf eine Reise nach Norwegen, und wenn man schon im Flugzeug sitzt, steuert der Himmelsvogel stattdessen Italien an. Auch Italien ist sehr schön. Nur braucht es Zeit, sich an das erzwungene andere Reiseziel zu gewöhnen und sich einzuleben. Der Inhalt der gepackten Koffer muss umgepackt werden, eine neue Einstellung zum neuen Aufenthaltsort muss gefunden und neue Anpassungen gemacht werden.« Eine schöne Beschreibung einer Trauerbewältigung. Viele betroffenen Familien werden glücklich mit der «anderen» Familiensituation und würden nicht tauschen wollen, auch wenn es sehr schwierige Phasen gibt, auf die sie liebend gerne verzichten würden. Leider weiss ich aber auch von Familien, die an solchen Belastungen zu Grunde gingen. Es bleibt meist lebenslang eine riesengrosse Aufgabe, die von der Liebe durch Höhen und Tiefen getragen wird.

Es können jederzeit ernsthafte Einschnitte eintreten und unser Leben komplett auf den Kopf stellen. Ein Autounfall oder ein Sturz aus grosser Höhe kann schnell eine körperliche Versehrtheit zur Folge haben. Vielleicht kann eine Rehabilitation in den Alltag zurückhelfen, vielleicht bleibt eine Rollstuhlgebundenheit zurück. Eher schleichend – aber nicht weniger ernsthaft – kann eine psychische oder physische Krankheit uns aus dem gewohnten Lebensalltag reissen. Burnout, Panikattacken, Depression oder eine Krebserkrankung. Desorientiert und unsicher wird die Zeit nach einer Diagnose bewältigt. Sich an eine veränderte Tatsache des Lebens anpassen zu müssen, und es sich doch so sehr anders gewünscht zu haben, das ist Trauer. Die Form zeigt sich individuell, ebenso wie der Umgang damit. Ob eine Anpassung erfolgen kann, wie im Beispiel von der Reise nach Italien statt nach Norwegen, ist nicht immer gewährleistet. Ich habe beides erlebt: Menschen, deren Leben sich mit psychischer Erkrankung anfühlt, als wären ihre Wege mit Hinkelsteinen übersät, bewältigen ihre Herausforderungen mit oder ohne therapeutische Hilfe. Ein tragendes soziales Umfeld unterstützt sie verstehend und stärkend. Ich durfte Betroffene und Angehörige kennenlernen, die an ihrem Schicksal gewachsen sind und andere, die daran zerbrochen sind. Nicht selten trennen sich Ehepaare. Die Belastung wird zu gross. Dennoch durfte ich sehr oft Familien bewundern, welche ihr Schicksal angenommen haben, tagtäglich die Herausforderung angehen, ihr schwer pflegebedürftiges Kind zu pflegen und sich mit einem Helfersystem umgeben, welches ihnen hilft, die anstehenden Aufgaben zu meistern. Das ist keine einfache Aufgabe, und niemand wählt sie freiwillig. Viele dieser Familien erzählen von einem glücklichen Leben. Dass Hadern, Zweifel und wiederholte Trauermomente dazugehören, erscheint mir als vollkommen normal. Es ist bewundernswert, wenn sie gelebt werden dürfen.

3.7.4 Trennung, Scheidung

Zu einer Trennung entscheiden sie zwei Parteien selten einstimmig und einvernehmlich. Vielleicht kommt der Wunsch oft nur von einer Seite aus, oder vielleicht spüren beide, dass sich etwas verändern muss, aber eine Trennung ist nicht wirklich gewünscht. Da gibt es vielleicht noch Kinder, die ihre Eltern nicht «verlieren» möchten. Ein Trennungsentscheid kann ein- oder beidseitig getroffen werden. Ich brauche nicht weiter auszuführen, dass bereits im Vorfeld oder beim Entscheid leidvolle Prozesse damit verbunden sind. Das, was für das Ehepaar bereits zu einer grossen Herausforderung wird, betrifft nicht selten Kinder, die mit der elterlichen Trennung ein Elternteil verlieren. Ihr Familienbild wird komplett auf den Kopf gestellt, und sind womöglich den elterlichen Konflikten ausgeliefert.

Solche Fragen, wie man als Ehepaar und als Familie den Lebensweg weitergeht, beinhalten oft eine Konfrontation mit Verlusten. Ein Lebensgefährte und die mit ihm verbundenen Erinnerungen verlassen den ursprünglich gemeinsam geplanten Lebensweg. Die Ideale und Werte, die man bei der Trauung beschwor, haben sich verändert, sind zerfallen oder fordern eine neue Wahrheit.

4 Scham, Schuld, Wut

4.1 Scham

Mussten Sie schon mal pupsen, als andere Menschen in der Nähe standen? Und danach grinsende Blicke aushalten? Wir alle kennen solche peinlichen Erlebnisse, bei denen uns die Scham erröten lässt. Ich zum Beispiel griff als Kind unter den Rock einer falschen Mutter, in der Annahme, ich würde mich an die Beine meiner Mama klammern. Das Quietschen der fremden Frau liess mich in Grund und Boden versinken (nun hinter den Beinen meiner echten Mama). Peinliches kann lustig sein (zumindest im Nachhinein). Tatsächlich kann Lachen auch eine schambehaftete Situation entschärfen, umgekehrt jedoch je nach Situation auch beschämend wirken. Wenn wir befürchten (müssen), ausgelacht zu werden, zögern wir. Niemand setzt sich gerne oder gar freiwillig einer solchen Situation aus. Befürchten wir genau das, wenn wir weinen – ausgelacht zu werden oder uns schämen zu müssen? Kaum kullern Tränen die Backen hinunter, meinen wir sofort, uns entschuldigen zu müssen. Warum? Was wollen wir damit ausdrücken? «Tut mir leid, dass ich mich nicht unter Kontrolle habe.» Oder: «Oh je, jetzt wird es peinlich, sorry dafür.»

Unsere Emotionen zeigen sich manchmal ungehemmt, was uns wiederum hemmt, weil wir meinen, uns damit blosszustellen. Befürchten wir, stigmatisiert oder ausgelacht zu werden? Scham erleben wir in unterschiedlichen Kontexten. Je nach Sozialisierung gibt es unterschiedliche Auslöser für das quälende Gefühl, doch einheitlich ist, wie unsere Scham sich zeigt, nämlich durch Erröten und den dringenden Wunsch, im Erdboden zu versinken. Wir können uns nicht dagegen wehren, aber wir können die Scham als Signal erkennen, dass unsere Würde in Gefahr ist oder persönliche Grenzen überschritten wurden.

Veraltete Erziehungsmethoden basierten auf beschämenden Aussagen und Handlungen. «Schäm dich", wurde mit einem zusätzlichen Verbannen in die Ecke oder einem Blossstellen in der Schulklasse untermauert. Nicht selten gab es für Fehlverhalten oder Misserfolge mit dem Lineal Schläge auf die Finger, auf den Handrücken oder in die Hand. Das schuldhafte Handeln sollte mittels der Schläge und der erlebten Scham (sowie der späteren Angst) zu einem angepassten Verhalten führen, das den Erwartungen entsprach. Die erzwungene moralische Scham wurde als Erziehungsmethode eingesetzt. Der Lerneffekt für den Schüler schien lediglich darin zu bestehen, einer potenziellen Schmerzquelle ausweichen zu wollen. Übrig blieb das Gefühl, versagt zu haben.

Wenn sich jemand lächerlich gemacht fühlt und Zurückweisung erfährt, wird am Selbstwert und an der Würde einer Person gekratzt. Wird jemand oft beschämenden Situationen ausgesetzt, hinterlässt dies tiefe Spuren. Demütigung ist selten ein guter (Erziehungs)-Ratgeber, wohl eher ein Nährboden für Angst, Verletzlichkeit und Schuldgefühle. Peter Bieri, Professor für Philosophie, beschreibt in seinem Buch «Eine Art zu leben» die Demütigung als eine Erfahrung, die uns die Würde nimmt. Und zugleich ist Würde das Recht, nicht gedemütigt zu werden.[5] Wenn Grenzen überschritten werden, Grundbedürfnisse nach Respekt und Akzeptanz nicht gewahrt werden, Emotionen nicht aufgefangen werden, wie soll dann Vertrauen entstehen, um sich in sozialen Kontexten sicher zu fühlen und zum Beispiel um Hilfe bitten zu können? Wenn wir in herausfordernden Lebenssituationen (wie dies das Erleben eines Verlustes hervorruft) erst eine Schamgrenze überwinden müssen, kommt dies dem Besteigen des Mount Everest nah. Es wird zu einem Kraftakt, zu dem wir uns nicht durchringen können, und wird zu einem Ding der Unmöglichkeit. Emotionaler und sozialer Rückzug kann die Folge sein.

Auch wenn Scham hinderlich erscheint und wir sie am liebsten umgehen möchten, ist sie normal. Wir sind im Kontakt mit uns und spüren Anzeichen dafür, dass Grenzen überschritten werden, was als Signal eines unerfüllten Bedürfnisses gesehen werden darf. Statt Scham würden wir vielleicht lieber Anerkennung, Akzeptanz oder Trost erfahren und uns als gewürdigt erleben.

---

[5] Bieri Peter, Eine Art zu leben, Über die Vielfalt menschlicher Würde, S.33/35, 2015, Fischer Taschenbuch (Original Carl Hanser)

4.2 Entwertung und Schuldgefühle

Dem Himmel nah sein, davon träumt Laura immer noch. Mittlerweile drängen sich Fragen über ihre berufliche Zukunft auf. Pilotin oder Flugbegleiterin? Traum, Beruf oder Traumberuf? Der Gedanke, selbst ein Flugzeug zu steuern, lässt sie fast Luftsprünge machen. Es würde die Verwirklichung des Nonplusultra des Fliegens bedeuten! Wenn da nur die Angst nicht wäre –die Angst zu versagen! Nie im Leben würde sie sich das Übernehmen des Steuers mit hunderten von Passagieren an Bord zutrauen. «Du kannst das nicht, das entspricht nicht deiner Persönlichkeit, du bist zu schwach dafür!» Das flüstern ihr ihre inneren negativen kritischen Stimmen stets ins Ohr. Sie schmerzen, es sind Überbleibsel aus dem Mobbing. Manchmal stimmt sie dies traurig, und manchmal wird sie regelrecht wütend. «Diese fiesen Hexen von damals sind an allem schuld, hätten sie mich nicht so runtergemacht, hätte ich bestimmt bessere Noten schreiben können!» Den Schulabschluss hatte sie zwar geschafft, aber glorreiche Noten sehen anders aus. Damit kann sie heute definitiv nicht glänzen. Schwach und hilflos fühlt sie sich allerdings nicht mehr, die psychologische Begleitung hat ihr aus dem grössten Sumpf ihrer seelischen Misere geholfen. Laura fühlt sich mit dieser Erfahrung stärker, aber vor Selbstvertrauen strotzt sie nicht gerade, was ihre kritischen Stimmen immer wieder beweisen. Manchmal schafft sie es gut, sie zu überhören, wie zum Beispiel, dann wenn es ums Tanzen geht. Mittlerweile nimmt sie regelmässig am Zumba-Dance teil, und das Zusammensein in der Gruppe ist keine Herausforderung mehr. Sie fühlt sich wohl und akzeptiert. Das anerkennende Lob von der Tanzlehrerin wie auch von ihren Tanz-Kolleginnen ist wie Balsam für ihre Seele und ihren Körper, was sie noch geschmeidiger und ausdrucksvoller tanzen lässt. Das Teilen einer Leidenschaft und darin Anerkennung zu finden, stärkt und motiviert sie, sich auf neue Beziehungen einzulassen. Das Red Bull nach dem Tanzen im Coconut, der Cafe-Bar von nebenan, ist nicht der alleinige Grund für die flügelverleihende Stimmung. Das Gackern und Lachen mit den Tanzgirls fühlt sich frei und unbekümmert an, wie emotionale Flügel nach ihrer Leidensgeschichte. Laura entdeckt, dass sie im Grunde genommen sehr gerne Menschen um sich hat. Sie hat neue Seiten an sich entdeckt, nämlich dass sie kontaktfreudig und weltoffen ist. Deshalb ist für sie klar, dass sie mit 18 Jahren die Ausbildung zur Flugbegleiterin machen will. Stewardess, das ultimative Berufsziel am Himmel! Nach der schwierigen Schulzeit steht für sie fest, dass sie keine weiterführende Schule besuchen möchte. Lieber eine Berufslehre, in der sie sich ideal auf ihren Traumberuf vorbereiten kann. Laura entscheidet sich für eine Lehre als Servicefachangestellte. Sie sieht darin Parallelen zur Flugbegleiterin, beides hat mit Service und Gästebetreuung zu tun. Das eine am Boden, das andere am Himmel.

Dass das Berufsleben in der Gastronomie kein Zuckerschlecken ist, erfährt sie jedoch schon in den ersten Wochen. Meistens geht es in der Küche und am Buffet sehr hektisch zu und her, was zu befehlstonartigen Ansagen verleitet. «Mach schon! Der Gast wartet nicht ewig! Schon wieder gekleckert? Du musst besser werden!» Die Gäste führen sich oft nicht weniger plump auf. Zu Spitzenzeiten verhalten sie sich wie hungrige Haie, die einer Robbe nachjagen. Jeder scheint dem Verhungern nahe, und wenn sie etwas zu lang auf ihr Essen warten müssen, keifen sie Laura an. «Hey, wo bleibt das Essen, ich habe schon vor Ewigkeiten bestellt!» Manchmal fehlt nicht mehr viel, dass sie mit geschirrbeladenen Armen und Händen einem Klapps auf den Po ausgeliefert ist. So jedenfalls fühlt es sich für Laura an. Der im Anschluss unzufriedene Chef – ein kleiner, dicker Kerl mit fettigen Haaren – lässt dann seinen Frust auch noch an ihr aus. «Habs doch gesagt, du kannst nichts!» Und wieder kracht die Bestätigung auf sie ein, dass sie nicht gut genug ist. Bei jedem Zusammenschiss, egal von welcher Seite, bekommt Laura ein schlechtes Gewissen. Im Kopf weiss sie, dass sie im Grunde genommen nichts falsch gemacht hat oder nicht in einem Ausmass, das solche heftigen Reaktionen rechtfertigen würde. Doch ihr innerer Zweifler winkt deutlich mit der Schuldgefühl-Fahne, die wie der Marshaller, der Bodenlotse am Flughafen, der mit klaren Anweisungen Signale gibt. «Du kannst nichts! Du bist an allem schuld! Kriech in dein Schneckenhaus zurück.» «Haltet doch alle die Klappe und lasst mich in Ruhe!», möchte Laura am liebsten alle anschreien, was ihr aber nicht über die Lippen zu rollen vermag. Wie Schleimklumpen kleben ihr die wüsten Schimpfworte im Hals, die sie für all die unfreundlichen Menschen parat hätte. Die Gäste und ihr Chef meckern weiter, ihr giftiger innerer Zweifler lächelt bestätigend. Wieder fühlt sie sich klein, unfähig und schuldig über ihr Unvermögen, andere Menschen nicht zufrieden stellen zu können. So oft verbog sie sich und mimte das liebe Kind, um ja keine Angriffsflächen zu bieten, kleidete sich wie ihre Mitschülerinnen, obwohl sie statt den engen Jeans lieber einen Rock getragen hätte. Auch auf Instagram versuchte sie damals aktiv mitzuhalten, nur um dabei zu sein; erst auf dem Höhepunkt des Mobbings verliess sie alle Social-Media-Kanäle. Es gab sogar eine Phase, in der Laura versuchte, ihre Mitschülerinnen mit Schleckereien zu bestechen, nur um gut dazustehen. Doch leider liessen sich auch mit der süssesten Bestechung keine Freundinnen erkaufen. Heute spürt Laura, dass sie sich mit ihren Mitbringseln eingeschleimt hatte, und die Erinnerung daran ist ihr peinlich. Doch auf diese klebrige Scham lässt sich Laura nicht mehr ein. Sich krümmen, biegen und verformen wie ein Gummimensch, davon hat Laura genug. Sie ist innerlich stärker geworden, auch wenn einige der alten Wunden noch nicht verheilt sind. Oft hatte Laura mit ihrer damaligen psychologischen Beraterin in Bildern dargestellt, welche Einflüsse ihr guttun und welche nicht. Dies half ihr, ihre Bedürfnisse zu erkennen, und heute kann sie diese besser wahrnehmen. Sie erkennt rascher, wenn sie in alte Muster fällt. Sie muss sie nicht erst herausbuddeln, wenn sie mit Schuld und Leid zugemüllt worden sind. Sie ist kein Mobbingopfer mehr. Sie kann Nein bzw. Stopp sagen, und sie hat gelernt, dass sie kein Opfer bleiben muss. Sie will für sich einstehen.

Laura spricht offen mit ihren Eltern. «Die Stimmung an meinem Arbeitsplatz ist nicht gut. Ich gehe täglich mit Übelkeit und Druck im Magen zur Arbeit. Sobald ich meinen Chef sehe, stehen mir die Haare zu Berge, als würden sie sich wie Fühler ausstrecken und die aktuelle Stimmung des Chefs einfangen. Ich kriege oft seinen Frust ab. Die Arbeit an sich gefällt mir, wenn nur dieser Chef nicht wäre!», erzählt sie ihren Eltern. Als sich die Situation nach einem direkten Gespräch mit dem Chef nicht verbessert – im Gegenteil, weil danach eher noch mehr Negatives auf Laura einprasselt – suchen sie den Kontakt zur kantonalen Lehrlingsbetreuung. Laura darf ihre Ausbildung in einem anderen Betrieb fortsetzen. Die Stimmung ist am neuen Ort deutlich besser. Hektisch ist es immer noch. Doch damit kann Laura umgehen, weil sie sich von ihrem neuen Lehrmeister unterstützt fühlt. Sie erfüllt ihre Arbeit mit Freude und absolviert einen ausgezeichneten Berufsabschluss.

Wenn über einen längeren Zeitraum Negatives auf einen einströmt und dies gezielt und von verschiedenen Seiten, so wie es zum Beispiel bei Mobbing der Fall ist, dann kann das arg am Selbstvertrauen kratzen. Junge Menschen, deren Persönlichkeit noch nicht ausgereift ist, sind in der Regel emotional labiler als Erwachsene. Aber aufgepasst, auch Erwachsene sind nicht geschützt vor Krisen, die unter die Haut gehen und nachhaltige Spuren hinterlassen. Wie Düngertropfen fallen selbstabwertende Gedanken auf den Nährboden der bewussten oder unbewussten Überzeugungen, etwas Falsches getan zu haben. Häufige unangebrachte Entschuldigungen geben zum Beispiel direkte Hinweise auf Schuldgefühle. Ob diese Überzeugungen stimmen oder nicht, ist irrelevant. Irgendwann wurde ein Samenkorn gelegt, das ein Schuld-Pflänzchen wachsen liess. Wie oft tun wir Dinge, die wir eigentlich gar nicht tun wollen? Aber wir tun sie, um des Friedens willen oder weil uns sonst ein schlechtes Gewissen plagen würde. Meist steckt Angst vor Liebesentzug oder Liebesverlust dahinter. Wenn wir dies nicht tun, dann werden wir nicht mehr geliebt. Also handeln wir «falsch», nur um akzeptiert zu werden. Wenn Laura die billige Hose statt der Markenjeans trägt, wird sie gehänselt. Wenn sie nicht mehr vom Fliegen schwärmt, bietet sie keine Angriffsfläche und wird nicht mehr ausgelacht. Wenn das Essen nicht pünktlich auf dem Tisch steht, wird der Ehemann wütend, usw.

In der Bachblüten-Therapie wird das Verarbeiten von emotionalen Themen und seelischen Disharmonien mit Blütenessenzen unterstützt. Sie wirken ausgleichend, quasi als

Seelenhelfer. «Pine» zum Beispiel ist die Blütenenergie der Kiefer, welche den Ausgleich von unangebrachten Schuldgefühlen, einem chronischen schlechten Gewissen und steten Selbstvorwürfen unterstützt. Von der Selbstentwertung hin zum Selbstrespekt: In der Beratung und Unterstützung mit Bachblüten kam es sehr oft vor, dass ich die «Pine»-Essenz in die Mischung tropfte. Und ich fragte mich, ob es ein Zufall ist, dass sich diese Themen bei weiblichen Kunden häufen oder ob ich im Verhältnis einfach mehr Frauen begleitete. Oder sprechen sie offener über diese Schwierigkeiten? Frauen scheinen empfänglicher für die Last der Schuldgefühle. Ist das ein Überbleibsel aus der Geschichte? Aus traurigen Zeiten, in denen Frauen über Jahrhunderte in der dominierenden Männerwelt niedergemacht wurden und vermittelt bekamen, dass sie nichts Wert waren und nichts konnten? Das, was sich im Zellgedächtnis jener Frauen eingraviert hat, erinnert auch Generationen später noch an die Erniedrigungen dieser Zeit?

Natürlich gibt es individuelle persönliche Konstellationen, welche diese Disharmonie fördern, wie es in Lauras Schulzeit der Fall war. Ausreichend schlecht über sich zu denken oder sich gar selbst zu hassen, trägt zu keiner positiven Veränderung bei.

Scham, Schuld und Wut signalisieren unerfüllte Bedürfnisse. So beschreibt Liv Larsson in ihrem Buch «Wut, Schuld und Scham» diese Gefühle als Resultat eines Dominanzsystems, in dem wir sozialisiert wurden und in dem Denkmuster entstehen, die in «richtig und falsch», «gut und schlecht» kategorisiert werden.[6] Wenn wir dieses Muster durchbrechen wollen, stellt sich die Frage nach unseren Gefühlen und danach, was wir tatsächlich brauchen. Im Hinterfragen der Schuldgefühle («Ist diese Schuld berechtigt?»), erkennen wir meistens, dass dem nicht so ist und die Schuldgefühle somit keine reale Basis hatten. Die Interpretation des Gefühls ist folglich falsch bzw. fehlgeleitet. Unbewusst versuchen wir darin, jemandem die Verantwortung für unsere Gefühle aufzubürden. Auch wenn es tatsächlich fremdgesteuerte Auslöser gab (wie die Mobbinggruppe bei Laura), sind es doch wir, die über unsere Gefühle bestimmen. Laura hat gelernt, im Kontakt mit sich selbst zu sein und ihre Bedürfnisse wahrzunehmen. Sie will akzeptiert und respektiert werden, ohne sich dafür verbiegen zu müssen und ihr echtes Ich unbewertet ausleben zu dürfen und sich darin zu erfahren.

Wenn wir Anteile in uns nicht ausleben dürfen, trauern wir. Es ist die Trauer über den Verlust von Nächstenliebe oder nicht erhaltene Wertschätzung und Akzeptanz. Umgekehrt trauern die Mobberinnen bestenfalls darüber, etwas «Falsches» getan zu haben, oder wenn wir nicht in der Kategorie «gut und falsch» denken, trauern sie darüber, zum Unwohlsein eines anderen Menschen beigetragen zu haben. Wie bei der Trauerarbeit geht es auch hier darum, die Emotionen zu erkennen, anzunehmen und in etwas Positives umzuwandeln. Gefühle sind nicht per se schlecht, sie haben oftmals

---

[6] Larsson Liv, Wut, Schuld und Scham, Drei Seiten einer Medaille, 2012, Junfermann

einen Nutzen. So wie Angst einen vor Gefahr warnen und schützen kann, können Schuldgefühle helfen, eigene Werte zu finden, aus Fehlern zu lernen und sie wiedergutmachen zu können (wenn denn tatsächlich Fehler gemacht und nicht nur fremdbestimmten Werte übernommen wurden). Die positive Verwandlung der Schuldgefühle zeigt Laura deutlich, in dem sie aus der Opferrolle heraustritt. Sie übernimmt die fremdgestaltete Entwertung nicht und handelt für sich. Die positiven Metaphern zur Pine-Blütenessenz heissen: «Ich darf, ich verzeihe mir, ich bin befreit.» Eine optimale Ergänzung (die meist zusammen mit Pine verbreicht wird) ist die Bachblüten-Essenz «Larch» (Lärche), die für das Selbstvertrauen steht: «Ich kann es, ich will es, ich tue es.»[7]

Wenn es um echte Fehler geht, sind Schuldgefühle normal, ebenso wie es normal ist, dass wir alle Fehler machen. Um nicht in Schuldgefühlen festzustecken, kann Wiedergutmachung und Verzeihen uns aus der Erstarrung helfen. Der erste Schritt ist ein verantwortungsvolles Handeln, das heisst, sich den Fehler einzugestehen und sich dafür zu entschuldigen. Hier steht die Entschuldigung im richtigen Kontext, wenn sie nicht übermässig zum Ausdruck gebracht wird, was auf ein Verharren im schlechten Gewissen hindeuten würde. Eine Wiedergutmachung führt in der Regel zum Verzeihen von Fehlern. Dabei sollte nicht vergessen werden, auch sich selbst zu verzeihen. Meistens sind wir nämlich toleranter darin, anderen zu verzeihen als uns selbst. Dies hat jedoch den

---

[7] Scheffer Mechthild, Die Original Bach-Blüten Therapie, 1999, Irisana

gleichen, wenn nicht sogar einen höheren Stellenwert. Einen Endpunkt setzen und nach vorne schauen, schliesst die Fehlerbehebung ab, sonst drehen wir uns wieder im Hamsterrad der Schuldgefühle.[8]

---

[8] www.selfapy.com

4.3 Abgestürzt

Finn hat sich mittlerweile als Sportkletterer einen Namen gemacht. Seine Idealvorstellung des grossen, starken Jungen aus den Schultagen wurde von seinen Wachstumshormonen perfekt umgesetzt, und er hat heute einen langen und muskulösen Körper. Die physische Kraft und geistige Fitness hat er sich in vielen intensiven Trainings über die Jahre aufgebaut. Klettern ist für ihn mehr als eine Leidenschaft. Das Finden der idealen Linie ist wie eine Zwiesprache mit dem Berg und seiner Geheimnisse. Die früheren Trainings in der Sporthalle sind Geschichte, er ist kein Anfänger mehr. Ebenso wenig braucht er die Trainings zusammen mit Sämi, einem Kletterkollegen. Sie waren für ihn nur ein Kompromiss, der von den Sicherheitsregelungen gefordert wurde. Da Finn sich in seinem Tun sicher fühlt, fokussiert er sich jetzt auf Alleingänge ohne den sichernden Partner. In jeder freien Minute ist er am Berg zu finden. Seine Kletterwege studiert er genau und bereitet sich auch mental gut darauf vor. Es gibt kaum einen Ort, der ihm nicht die optimale Linie offenbart. Finn weiss um seine Fähigkeiten und sein Können, und gute Vorbereitung und Risikoeinschätzung sind keine grossen Herausforderungen für ihn. Sicherung ist also nicht nötig. Sein Erfolg ist zur Selbstverständlichkeit geworden. Nervenkitzel ist die Emotion der Anfänger, Finn steht da drüber.

Irgendwann kommt es jedoch zu einer Situation, die ihm zum Verhängnis wird – das eine Mal, als der Berg sein

Geheimnis nicht preisgibt und unter seinen Fingern zu bröckeln beginnt. Finn greift nach, findet aber keinen sicheren Halt im Gestein. «Scheisse, ich bin nicht gesichert», schiesst es ihm noch durch den Kopf. Nach 10 Metern freiem Fall landet er hart auf dem Boden, was er aber bereits nicht mehr mitbekommt.

Mit schweren Verletzungen wird er ins Krankenhaus gebracht. «Nicht lebensgefährlich», meinen die Ärzte. Momente des Bewusstseins öffnen sich, nach und nach dringen Informationen zu ihm durch. Schmerzmittel vernebeln seine Welt, er kann sich kaum konzentrieren. Er hat sich schwer verletzt und sich mehrere teils komplizierte Knochenbrüche an schwierigen Stellen zugezogen. Einen davon an der Wirbelsäule. Finn muss mehrere, teils heikle Operationen über sich ergehen lassen. Es ist nicht abzuschätzen, ob die Mobilität zurückkehren oder ob er gelähmt bleiben wird.

Es folgt eine lange Genesungszeit. Er ist am Leben, aber täglich plagen ihn Schmerzen. Die Operationen sind in dem Sinne erfolgreich verlaufen, dass keine Lähmung zurückbleibt. An Klettersport sei aber nicht mehr zu denken, sagen alle. Finn will dies nicht hören. Er, der erfolgreiche Kletterer, wird sich mit etwas Physiotherapie und intensivem Training zurückkämpfen. «Denen werde ichs zeigen! Ich schaffe das!» Er übt bis weit über die körperlichen Grenzen hinaus. Sein stures Wesen will keine Einsicht sehen. Die Hürde der kompletten Ausbremsung, die ihm das Leben stellt, damit will Finn sich nicht abfinden. Die Wahrheit aber ist, dass er täglich

Schmerzen hat und froh sein darf, dass er überhaupt laufen kann. «Wären diese Schmerzen nicht, dann würde alles wieder gut kommen», redet er sich ein. Kein Wunder, finden die Schmerzmittel einen leichten Weg in seinen Körper.

Viele Freunde und Bekannte besuchen ihn und tun so, als ob sie sich, um ihn sorgen würden. So meint es Finn zumindest in ihrer Körpersprache zu lesen. Aber er hört sie, ihre stillen Vorwürfe: «Du bist selbst schuld, hättest du dich abgesichert, wärst du nicht allein geklettert ... ». Er sieht die anklagenden Gedanken in ihren Augen, auch wenn sich aus dem Mund ein «Das wird schon wieder» vernehmen lässt. «Das geht euch alles nichts an! Ich weiss, dass ich ein starker und fähiger Kletterer bin, was kann ich dafür, dass der Fels entschied, auseinanderzufallen? Das war nicht meine Schuld!», hält er den Vorwürfen entgegen. Seine Rückblenden und Rechtfertigungen drehen in seinem Kopf ungehindert ihre Runden, nach jeder neuen Runde kriecht die Wut höher. «Niemand hat das Recht, über mein Leben zu urteilen, ich entscheide selbst, was ich tue und was nicht.» Als sich die Vorwürfe aus seinem Umfeld wandeln zu einem «Du musst akzeptieren, dass du nicht mehr klettern kannst ... du musst ... du musst», hält Finn es nicht mehr aus und jagt alle zum Teufel. Er will niemanden mehr sehen und blockiert alle Kontakte. Keiner soll mehr besserwisserisch auf ihn einreden. «Auf solche Freunde kann ich verzichten! Was geht die alle das an? Und überhaupt, ich werde alle vom Gegenteil überzeugen! Ich werde wieder klettern.» Wenn seine Wut etwas niedriger kocht, kämpft er mit der Einsicht. Das tiefe innere Wissen, dass die Kletterei vorbei ist. Finns Emotionen zerbröckeln unter der harten Schale der Sturheit. Zu schmerzvoll ist jedoch das Eingeständnis, zu wütend ist er, über alle, die ihn im Stich lassen, und er ist zu eigensinnig, um sich ernsthaft eingestehen zu können, dass sein Lebensweg eine andere Richtung eingeschlagen hat.

Die Gewissensbisse, die sich durch seinen Körper und seine Seele fressen, unterdrückt er mit begrenztem Erfolg. Zum körperlichen Schmerz gesellt sich die bittere Erkenntnis, dass er sich mittlerweile vollends isoliert hat. Seine Schwester Laura ist ihm am längsten beigestanden, sie kennt ihn gut, zu gut. «Ich will niemand sehen, ich brauche niemanden. Lieber keine Freunde als diese Trauergesellen!», redet er sich ein. «Wenn nur diese verdammten Schmerzen nicht wären! Was soll ich als Krüppel anfangen, ist doch jetzt eh alles Scheisse!» Finn schlittert mehr und mehr in eine Abwärtsspirale. Er hinterfragt den Lebenssinn, was soll er ohne sein geliebtes Klettern noch anfangen? Das, was er am besten konnte, was praktisch sein tägliches Brot bedeutete, wofür er bewundert wurde, all das würde nicht mehr Teil seines Lebens sein. Sein Körper mit den vielen Verletzungen schafft das nicht mehr. Finn findet zunehmend Trost im Alkohol. Zusammen mit den Schmerzmitteln ergibt dies einen wunderbaren dämmenden Cocktail, der ihn in seinem Schmerz und Selbstmitleid einlullt.

«Immerhin bleiben mir die Kumpels aus der Bar.» Magnetisch angezogen treibt es Finn abendlich ins «Riders». Fippo und Lenny, seine Saufkumpels, würden ihn schon aufheitern.

Sie sind für Finn so was wie Leidensgenossen. Als Freunde würde er sie nicht bezeichnen. Da sie ihr Glas gerne und oft auf das Scheissleben erheben, meint Finn, eine Gemeinsamkeit zu erkennen. Ein Band, sei es auch noch so schwach, etwas verbindet sie. Sie gehören zusammen. Lenny ist wie Finn mittlerweile arbeitslos. Lennys Frau hatte ihn vor Kurzem aus der gemeinsamen Wohnung geschmissen. Er rächt sich, indem er die Mädchen um ihn herum begrabscht und gerne mal eine aufreisst. Kaum eine ist sicher vor ihm. Fippo ist in Finns Augen der typische Motorrad-Biker. Dass auf der Rückseite seiner Lederjacke nicht «Hells Angels» steht, scheint fast wunderlich. Im Grunde genommen ist er jedoch zu sanftmütig, als dass er ein Hells Angels Klischee bedienen könnte. Eigentlich mag Finn diese beiden nicht wirklich, aber ein bisschen Gesellschaft kann ja trotz allem nicht schaden. Zum alleinigen Saufgelage vor der Glotze bietet die Bar eine Abwechslung.

Die grosskotzige Art von Lenny und Fippo färbt immer mehr auf Finn ab. Er beginnt öfters rumzumotzen und Girls anzumachen. «Hey, du Schöne», blafft er auffordernd rum, wenn ihm ein Mädchen gefällt. «Halt die Klappe! Fick dich selbst!», hört er meist als Antwort. Eines Abends, als ein besonders intensiver Schmerzcocktail sein Hirn vernebelt, wird es ihm zu blöd, er will diese Schmach nicht länger hinnehmen. In den hinteren Gängen bei den Toiletten packt er ein zufällig vorbeikommendes Mädchen, reisst sie heftig an sich und küsst sie. Sie wehrt sich, kratzt und schlägt ihn, kann sich aber nicht befreien. Finn ist wie von Sinnen, will die Abwehr dieser Schlampe nicht hinnehmen. Er schlägt ihren Kopf gegen die

Wand und bedrängt sie. Als er ihre Bluse aufreissen will, kommt Fippo um die Ecke. Grölend betrachtet er anfänglich die Szene, bis er sieht, dass das Mädchen am Kopf blutet. Erst dann geht er dazwischen, um das Mädchen zu schützen.

4.4 Konflikt, Schuld und Verantwortung

Manchmal sind es Zufälle oder tragische Verkettungen, die zu einem Geschehen führen, bei dem nicht wirklich von einer Schuld gesprochen werden kann. Ein mechanischer Defekt am Auto führt zu einem Autounfall, bei dem der Beifahrer verletzt wird. Wer ist schuld? Mechanik oder Mensch? Gerade bei dramatischen Grossereignissen wie bei einem Flugzeugabsturz oder bei Waldbränden werden fast zwanghaft Schuldige gesucht. War es ein Pilotenfehler? Versagte das Fluggetriebe und warum? Wer hat das Feuer entfacht? Sind Hitze, Trockenheit und Wind verantwortlich oder war es gar Brandstiftung? Manchmal scheint es einfacher, Personen zu bestrafen als Ursachen zu erforschen, und es als das stehen zu lassen, was es ist – ein Unfallgeschehen oder Naturereignis. Ich will nicht die Tragik mindern oder das Ereignis beurteilen. Das Leben ist nicht schwarz-weiss. Schuld und Unschuld ist nicht immer klar benennbar, zu vieles vermischt sich in den Verkettungen von Umständen, die nur das Leben schreiben kann. Manchmal gibt es keinen Schuldigen, weil die Natur in ihrer unabhängigen Urkraft wirkt, oder man muss einfach die Tatsache akzeptieren, dass in unserem Dasein nicht alles perfekt ist und auch nicht sein kann. Im Suchen von Schuldigen will man die Verantwortung für etwas klären und damit jemanden zur Rechenschaft ziehen können. Man geht davon aus, dass die «Sache» damit abgetan sei. Diese Dynamik macht ein Schuldeingeständnis sicher nicht einfacher, wenn zum Beispiel Schadenersatzklagen oder andere Konsequenzen befürchtet werden müssen. Das Übernehmen von Verantwortung bei festgestellter Schuld wird fast zwanghaft gefordert. Aber ist es so einfach, zwischen Schuld und Unschuld zu unterscheiden, und worin genau liegt eine Schuld?

Nicht selten kommt es vor, dass wir uns schuldig fühlen oder Schuld für etwas übernehmen, ohne dass ein schuldhaftes Vergehen vorliegt. Warum also tun wir dies? Hier basiert die gefühlte Schuld im moralischen Sinne auf einen Verstoss gegen das eigene Gewissen; der Konflikt besteht in der innerlichen Auseinandersetzung, im Hadern mit sich selbst, zum Beispiel, wenn man das Gefühl hat, nicht auf die eigene Intuition gehört zu haben: «Ich hätte es wissen müssen, ich spürte, dass etwas nicht in Ordnung war, als Karl das Haus verliess. Er war so aufgewühlt! Hätte ich auf mein Gefühl gehört und ihn zurückgehalten, hätte ich seinen Autounfall verhindern können.»

Moralische Gewissensbisse stehen in Verbindung zu unseren Werten und unserem Verantwortungsbewusstsein. «Ich bin schuld, dass in mein Haus eingebrochen wurde, weil ich vergessen hatte, die Haustür abzuschliessen.» Schuld haben hier jedoch einzig die Einbrecher. Sie sind verantwortlich für die Tat. Das vergessene Abschliessen mag eine Unachtsamkeit sein, das Haus wurde nicht genügend gesichert, mit der Folge, dass eingebrochen wurde. Das sich hierbei das Gewissen regt, ist zwar nachvollziehbar (Schuld ist nur fühlbar, wenn man ein Gewissen hat), jedoch liegt die Schuld am

Einbruch bei jemand anders. Das Versäumnis, die Tür abgeschlossen zu haben, kann von der Versicherung womöglich als fahrlässig eingestuft werden und einen finanziellen Abzug in der Entschädigung zur Folge haben. Doch würde ich hier nicht von Schuld sprechen, obwohl es sich für den Geschädigten so anfühlen kann.

Täter, die mit der gezielten Idee, Wertsachen zu stehlen, in ein Haus einbrechen, sind im gesetzlichen Sinne schuldig. Derjenige, der die Tür offengelassen hat, ist bestenfalls am offenen Hauseingang schuld, nicht aber am Einbruch; moralische Schuldgefühle mögen vielleicht trotzdem entstehen. Die weitere Betrachtung bzw. der Umgang mit gesetzlicher und moralischer Schuld möchte ich nachfolgend im Beispiel des Täter-Opfer-Ausgleich beschreiben.

4.5 Täter-Opfer-Ausgleich

Wenn zwei sich streiten, gibt es in der Regel einen Auslöser dafür. Jemand wird für etwas verantwortlich gemacht, bestreitet aber seine Schuld. Wenn sich zwei Kinder streiten, begleiten die Erwachsenen sie in einer Aussprache und ermutigen die Kinder, mit einem Handschlag Frieden zu machen. Manchmal genügt ein ausgleichendes Händeschütteln aber nicht und es kommt zu einem Streit, der als Familienstreit über Jahre und Generationen hinweg Bestand hat, ohne dass es zur Aussöhnung kommt. Ist der Konflikt verhärtet, gelingt es den streitenden Parteien kaum mehr, den Streit ohne neutrale Vermittler beizulegen. Eine Mediation kann hilfreich sein.

Andere Zwistigkeiten gelangen wegen einem strafrechtlichen Akt vor die Justiz und müssen in diesem Kontext geklärt werden. Ein Streit an der Tankstelle, weil der Vordermann die Zapfsäule nicht gleich frei macht und das Ganze in einer Schlägerei eskaliert. Verkehrsteilnehmer, die im Strassenverkehr wegen genommener Vorfahrt aneinandergeraten und das Zeigen des Stinkefingers, was an der nächsten roten Ampel zu Handgreiflichkeiten führt. Barbesucher, die alkoholisiert aneinandergeraten und sich prügeln. Der Nachbar, der gerichtlich sein Recht bestätigt haben will, dass der Gartenzaun des Nachbars zu hoch ist und ungenügend Abstand zu seiner Parzelle eingehalten worden ist.

Die Justiz hat die Aufgabe, über Schuld und Bestrafung zu urteilen. Mit einem Schuldspruch und einer definierten Strafe wird quasi Recht gesprochen. Der Konflikt ist damit jedoch noch nicht vom Tisch. Ein mediativer Prozess, der Konfliktklärung anstrebt, kann auch im Zusammenhang mit einem Strafprozess eingeleitet werden, was über einen sogenannten Täter-Opfer-Ausgleich geschieht. Wenn beide Parteien (Beschuldigter und Geschädigter) einverstanden sind – was vorgängig in sorgfältigen Gesprächen geklärt wird – ist dies ein nützliches Angebot, um den Konflikt aussergerichtlich zu klären. Dies ist für beide Seiten gewinnbringend und interessant:

- Die Geschädigten müssen nicht vor Gericht aussagen. Als Zeugen vor Gericht wären sie gezwungen, ihr Erlebtes darzulegen, was nicht selten traumatisch oder und schambehaftet sein kann (zum Beispiel bei einem sexuellen Übergriff o.ä.). Die Interessen der geschädigten Person müssten in einem separaten Verfahren eines Zivilprozesses eingefordert werden. Ein kraft- und zeitraubendes Unterfangen, das man gerne vermeidet, wenn es Alternativen gibt.

- Für die Beschuldigten kann es sich strafmildernd auswirken, wenn sie sich ernsthaft auf einen Ausgleich einlassen. In der deutschen Strafprozessordnung werden die Bemühungen um Widergutmachung strafmildernd ausgelegt, was im Artikel 46a wie folgt festgelegt ist:

§ 46a

Täter-Opfer-Ausgleich, Schadenswiedergutmachung

Hat der Täter

1. in dem Bemühen, einen Ausgleich mit dem Verletzten zu erreichen (Täter-Opfer-Ausgleich), seine Tat ganz oder zum überwiegenden Teil wiedergutgemacht oder deren Wiedergutmachung ernsthaft erstrebt oder

2. in einem Fall, in welchem die Schadenswiedergutmachung von ihm erhebliche persönliche Leistungen oder persönlichen Verzicht erfordert hat, das Opfer ganz oder zum überwiegenden Teil entschädigt, so kann das Gericht die Strafe nach § 49 Abs. 1 mildern oder, wenn keine höhere Strafe als Freiheitsstrafe bis zu einem Jahr oder Geldstrafe bis zu dreihundertsechzig Tagessätzen verwirkt ist, von Strafe absehen.[9]

Der Täter-Opfer-Ausgleich ermöglicht den Parteien, ins Gespräch zu kommen, und die vermittelnde Person unterstützt die Beteiligten darin, ihre Fragen stellen und Anliegen darlegen zu können. Der Beschuldigte muss sich dadurch Gedanken über seine Tat machen. Die Folgen der Tat werden von der geschädigten Person auf den Tisch gelegt, und der Beschuldigte erfährt vom körperlichen (offensichtlichen) und seelischen (nicht sichtbarem) Leid. Das kann zu einem

---

[9] https://dejure.org/gesetze/StGB/46a.html

Zugeständnis führen, mit dem eingeräumt wird, dass man etwas Falsches getan hat. Der Vermittler, der Mediator, muss in diesem Ausgleich nicht die Wahrheit herausfinden. Es geht nicht darum, Schuld oder Unschuld zu definieren. Ein Schuldeingeständnis mag moralische Klärung bringen, ist aber keine Klärung der Schuldfrage im juristischen Sinn. Das ideale Ziel des Mediators liegt darin, die Parteien dahin zu führen, dass sie ihre angestrebten Lösungen und Wiedergutmachungsforderungen umsetzen können. Nach deutschem Recht kann eine Einigung nach TOA dazu führen, dass nachfolgend eine Anzeige aufgehoben oder ein Strafmass gemildert werden kann. Diese aussergerichtliche Regelung des Konfliktes ermöglicht den Parteien selbst mitzubestimmen und Verantwortung zu übernehmen. Die Opfer können mitreden.

Dass eine geschädigte Person nicht in jedem Fall nach Versöhnung streben will oder kann, darf nicht ausser Acht gelassen werden. Zu sehr haben womöglich eine oder mehrere Taten Spuren hinterlassen, die nicht verwischt werden können. Vielleicht ist es noch nicht an der Zeit, die Trauer des Erlebten zu verarbeiten? Oder es braucht die Wut noch als Antreiber für den Verarbeitungsprozess? Zu gross sind die Hindernisse, um an Versöhnung zu denken. Auch das ist legitim. Dem Geschädigten ermöglicht ein TOA durch einen direkten oder indirekten Austausch mit dem Täter, das Geschehene besser verstehen zu können, Wiedergutmachung zu erfahren und das Erlebte besser verarbeiten zu können. Dem Geschädigten wird mit einer gerichtlichen Verurteilung eines Straftäters nur bedingt genüge getan. Antworten auf Fragen wie «Warum ich? Was hat dich getrieben?» bleiben offen.

Was sich in Buchstabenform einfach liest, ist in der Praxis ein mediativer und professionell geführter Prozess, der für beide Parteien eine intensive Herausforderung sein kann. Es geht um Begegnung, Reden, Fragen, Begründen, Erklären. Es geht um gegenseitiges Verstehen, Eingeständnisse, Entschuldigungen, Wiedergutmachung und Verantwortungsübernahme. Als allparteilicher Vermittler leitet der Mediator die Gespräche und sorgt für einen respektvollen Umgang. Die Auseinandersetzung über das Gespräch führt zu besserem gegenseitigem Verständnis, was wiederum die Emotionen herunterfahren lässt.

Verständnis ist Voraussetzung

für Versöhnung!

Ist das Geröll der emotionalen Last beiseitegeschoben, kann Tragendes zum Vorschein treten, eine Basis für versöhnliches Handeln. Schlussendlich ist dies ein zentraler Punkt, wenn es um Heilung geht und Trauerverarbeitung ermöglichen soll. Jede Art von Bestrebung in Richtung Versöhnung schafft die Grundlage für eine heilende Entwicklung.

Darauf will ich mit dem Ausflug über den Täter-Opfer-Ausgleich hinaus. Mit diesem Verfahren im Strafrechtskontext schafft man die Möglichkeit, einen Ausgleich anzustreben, was eine Basis für Versöhnung schaffen kann. Mit einem gültigen Rechtsurteil über Schuld und Unschuld ist noch kein Konflikt geklärt. Die Voraussetzung, Versöhnung zu schaffen, ermöglicht ein (seelisches) Weiterkommen der Beteiligten. Dabei heisst Versöhnung nicht, eine Tat zu entschuldigen oder zu rechtfertigen. Es bedeutet, Wiedergutmachung zu leisten oder zu erfahren. Es bedeutet, einen Umgang mit Schuldgefühlen zu finden und sich selbst zu vergeben.

Mit sich selbst ins Reine zu kommen, mag ein Teilziel eines ergänzenden therapeutischen Prozesses sein. Bestenfalls kann dies weiteren Einfluss auf die persönliche Lebensgeschichte eines Beschuldigten nehmen. Der eine schafft es vielleicht, aus einem Hamsterrad auszusteigen, und es gelingt ihm, von einer Drogensucht freizukommen, die bei einem Delikt mitgewirkt hat. Andere erkennen zwar ihre Schuld und leisten Wiedergutmachung, schaffen aber den Ausstieg aus ihrer Lebensproblematik nicht. [10]

---

[10] Inhalte nach einem Interview mit Christian Richter, pensionierter Mediator bei medios-mediationen.de

4.6 Versöhnung

Verständnis offenbart uns die Möglichkeit für Versöhnung. Um dies zu erreichen, müssen wir miteinander im Kontakt sein, uns aufeinander einlassen. Eine Entschuldigung reicht nicht aus, auch wenn sie noch so ehrlich gemeint ist. Mit dem Aussprechen einer Entschuldigung können wir uns nicht von einer Schuld freisprechen. Ein Ent-Schulden ist nur in der Bitte möglich. In der Bitte um Entschuldigung kann das Gegenüber, an den die Bitte gerichtet ist, reagieren und entscheiden, ob es ent-schuldet.[11]

Der Friedensschluss in der Versöhnung finden wir auch als Teil der Trauerphasen. Sie gipfelt in der Akzeptanz des Verlustes (in der Versöhnung mit dem, was nicht mehr ist oder sein wird), im Annehmen des Sterbeprozesses. So betrachtet ist das Aussöhnen mit einer Schuldfrage ein wesentlicher Teil eines Trauerprozesses, der in Verbindung mit Vergebung Heilung im Leben bringen kann. Vergebung ist der Verzicht auf den Vorwurf einer Schuld oder eines negativen Gefühls. Vergebung ist eine hohe Form der Liebe, ein tiefes emotionales Geschehen, das wir weder in der Wut noch in der Rache finden können.

---

[11] Wolfgang Reuter, Leidfaden, Heft 3/2022 – Artikel: Ent-Schuldigung- eine Illusion?, S.32-34, Vandenhoeck & Ruprecht

«...ohne menschliche Reife und Grösse, ohne Akzeptieren, kann Vergeben nicht von Herzen kommen, ...»[12], schreibt Elisabeth Bond in «Die Antwort im Wort». Sie spielt in ihrem Buch mit den Worten und ihren Bedeutungen und findet im Vergeben folgende Aspekte:

«Anderen vergeben, sich vergeben, ver-geben. Für was? Für ein erfahrenes Unrecht, das wir uns auf der geistigen Ebene angezogen haben (wir haben immer irgendwie damit zu tun, auch wenn wir uns als Opfer fühlen) und das wir auf der emotionalen und auf der materiellen Ebene erfahren haben. Oder für ein getanes Unrecht, bei dem wir uns selbst vergeben müssen. Und was geben wir zurück? Wir geben das Recht zurück, und nicht etwa das Unrecht, oder wollen uns gar rächen. Geben wir das Recht zurück und behalten so das Un-Recht nicht mehr, endgültig nicht mehr, so können wir ver-geben. Durch vergeben, werden Wege eben.»[13]

---

[12] Elisabeth Bond, Die Antwort im Wort, Das vielschichtige Wörterbuch, S. 247, 1997, Lokwort Verlag
[13] Elisabeth Bond, Die Antwort im Wort, Das vielschichtige Wörterbuch, S. 247, 1997, Lokwort Verlag

4.7 Selbsterkenntnis

Finn stellt sich einem Täter-Opfer-Ausgleich (TOA). Trotz anfänglichen Bedenken lässt er sich auf eine Mediation ein. Das Vorgespräch mit dem Mediator hat ihn positiv gestimmt. Die ruhige, klare Art des Vermittlers und die Erklärung, dass das Ziel nicht die Anklage, sondern der Ausgleich sei, hat Finn ermutigt, sich auf diesen Prozess einzulassen. Anfänglich bringt er kaum Worte über die Lippen, so sehr erdrückt ihn sein Gewissen und seine Scham. Zögernd und anfangs noch in einer Haltung der Verteidigung und inneren Ablehnung versucht er eine Erklärung für sein Verhalten abzugeben. In kleinen Schritten und in einem wohlwollenden Rahmen beginnt er zu erzählen und realisiert nach und nach, wie es überhaupt zu diesem Geschehen kommen konnte. Er bekommt die Chance zu erklären, was zu seiner Charakterveränderung geführt hatte. Sein Kletterunfall, die Schmerzen, die Schwierigkeiten seiner momentanen Lebenssituation und die Betäubung durch Alkohol und Medikamente.

Vom Mädchen, das er beinahe vergewaltigt hätte, hört er, wie schlimm dieser Übergriff für sie war, und dass Angst seither ihr ständiger Begleiter sei. Sie traue sich nicht mehr allein nach draussen. Zudem habe die Kopfverletzung zu einem längeren Arbeitsausfall geführt, und sie kämpfe immer noch mit Kopfschmerzen. Sie sei seither in Therapie, was ihr auch helfe, sich dieser Begegnung zu stellen. Die anfängliche Angst, vermischt mit Wut gegenüber Finn, verwandelt sich im Laufe der Gespräche. Sie kann ein klein wenig nachvollziehen, dass Schmerzen einen verändern können. Auch wenn Finns Wege keine Guten waren. Zu sehen, dass auch Finn litt und gewillt ist, Verantwortung zu übernehmen und Schmerzensgeld abzustottern, helfen ihr, eine versöhnliche Haltung zu finden.

Finn schämt sich innerlich in Grund und Boden, als er realisiert, in welche Richtung sich sein Leben entwickelt hatte. Wie konnte es nur so weit kommen? Früher haben alle zu ihm hochgeschaut, ihn als Klettertalent gesehen und bewundert. Und jetzt? Beinahe hätte er eine junge Frau vergewaltigt, abscheulich! Er ekelt sich vor sich selbst, und sein Gewissen malträtiert seinen Magen, als würde er ihn in seinem Ekel bestätigen. Wenn er sich künftig im Spiegel betrachten will, dann muss sich was ändern. Das Rad kann nicht zurückgedreht werden. Finn kann Wiedergutmachung leisten. Und er kann daran arbeiten, dass so etwas nie wieder vorkommt. Er entscheidet sich noch während den laufenden Gesprächen für einen Entzug und therapeutische Unterstützung. Mit fachlicher Hilfe und Begleitung will er sein Leben wieder in den Griff bekommen und zu sich selbst zurückfinden.

4.8 Flugzeugabsturz

Lauras Begeisterung für die Fliegerei ist zu einem bedeutenden Teil ihres Lebens geworden. Ihre Arbeit als Flugbegleiterin übt sie mit Erfüllung aus. Den Umgang mit den Gästen fällt ihr leicht, auch Passagiere mit besonderen Ansprüchen kann sie gut zufriedenstellen. Selbstsicher hört sie den Gästen zu und nimmt Kritik nicht mehr primär persönlich. Das Fliegen ist und bleibt für sie etwas Besonders. Bei jedem Abheben vom Boden kribbelt es in ihrer Magengegend, wie die Schmetterlinge im Bauch beim ersten Verliebtsein. Auch nach dem hundertsten Mal geniesst sie die sanfte Umarmung ihrer Sessellehne, wenn die Kraft der Beschleunigung sie in den Sitz drückt. Kleiner und kleiner wird die Welt unter ihr und grösser ihr Stolz auf ihre Arbeit. Oft kitzeln ihre kindlichen Erinnerungen daran, wie sie in ihren verspielten Fantasien in luftige Höhen segelte, und sie muss immer noch über all ihre erdachten Luftabenteuer schmunzeln. «Träumst du wieder?», holt sie meist ihre beste Arbeitskollegin und Freundin in die Realität zurück. Sie kennt Laura gut und weiss um viele der wahren und unwirklichen Abenteuer aus ihrer Kindheit. Für die meisten von Lauras Arbeitskolleginnen sind die Abläufe bei den Flügen zu höhepunktlosen gewöhnlichen Routinen geworden. Doch für Laura ist es auch nach vielen Jahren immer noch etwas Besonderes. An dieser Begeisterung möchte sie ihre Eltern teilhaben lassen. Sie wünscht sich, dass sie Lauras Freude nachvollziehen, aber hauptsächlich, dass sie

sie selbst geniessen können. Und so entschliesst sie sich, den Eltern zum 70. Geburtstag ein Flugerlebnis mit einem Junker-Flugzeug zu schenken. Hin- und Rückflug mit Übernachtung. Um die Kosten etwas aufzuteilen, fragt sie ihren Bruder, aber auch Tanten, Onkel und Cousinen, ob sie sich daran beteiligen würden. So kommt ein wundervolles Geschenk von verschiedenen Familienangehörigen zusammen, über das sich Lauras Eltern sehr freuen.

Das geschenkte Flugwochenende findet in den Sommerferien statt, die Laura mit ihrem Mann Philipp und ihren beiden Jungs in Südfrankreich verbringt. An einem heissen Nachmittag, als ihr Mann vom Einkauf mit den Jungs zurückkommt, wundert sie sich über deren frühe Rückkehr. Sie will beim Reintragen der Tüten helfen und merkt, dass ihr Mann mit leeren Händen dasteht. «Warum hast Du nichts eingekauft?» Ein ungutes Gefühl beschleicht sie. «Laura, komm, wir gehen zusammen rein. Setz dich hin», sagt ihr Mann in sanftem Ton. «Was ist los?», fragt Laura mit einem noch mulmigeren Gefühl. Sie spürt, dass etwas Ungutes auf sie zukommt. Philipp erklärt ihr ruhig, dass er soeben einen Anruf von ihrer Tante bekommen habe. Sie habe Lauras Eltern nach dem Rundflug am Flughafen abholen wollen, als man ihnen dort mitteilte, dass das Flugzeug abgestürzt sei. Es gebe keine Überlebenden. «Laura, deine Eltern sind beide tot!», offenbart Philipp. «Nein, das kann doch gar nicht sein!», widerspricht sie ungläubig. Fassungslos beginnen Tränen über ihre Wangen zu laufen. Sie will es nicht glauben. Ungreifbare Fragen und das fassungslose Aufnehmen einer schockierenden Nachricht füllen das nachfolgende Schweigen. Laura möchte etwas tun, fühlt sich aber gleichzeitig in ihren Emotionen gefangen. Eine Erkenntnis blitzt in ihre Gedanken. «Ich muss es meinen engen Freunden persönlich mitteilen, nicht dass sie es noch aus den Nachrichten erfahren!» Laura ist froh, endlich agieren zu können. Sie telefoniert ihren Freundeskreis ab und teilt allen die traurige Nachricht mit. Ihre Freunde weinen mit ihr. Das wiederholte Mitteilen dieser Botschaft ist schwierig und entlastend zugleich. In der Wiederholung beginnt sie zu realisieren, was passiert ist, als sie plötzlich ein Gedanke wie ein Schuss ins Herz trifft: «Ich bin schuld, dass meine Eltern tot sind!» Der stechende Schmerz in ihrer Brust ist kaum zu ertragen. «Ich bin schuld, weil ich ihnen diesen Flug geschenkt habe! Warum habe ich das nur getan? Hätte ich ihnen doch lieber gemeinsame Zeit mit mir geschenkt anstelle dieses Ausfluges, dann würden sie noch leben!» Schwere Schuldgefühle machen sich in ihr breit, die der Schock nicht zuzudecken vermag. Laura fühlt sich überfordert und ohnmächtig der Situation ausgeliefert. «Ich will heimkehren», teilt sie ihrem Mann mit. Philipp hält sie zurück. «Inzwischen ist es dunkel geworden, und in dieser aufgewühlten Stimmung fahren wir nicht nach Hause, das ist zu gefährlich. Wir schlafen erst mal drüber und entscheiden morgen in Ruhe.» Laura und Philipp informieren ihre beiden Jungs. Sie zünden zwei Kerzen an, die je stellvertretend für Grossmama und Grosspapa leuchten. Gemeinsam setzen sie sich hin, Philipp spielt auf seiner Mundharmonika ein paar Lieder. Etwas Frieden und Ruhe schleichen sich in die geschockte Familie, was ein Einschlafen ermöglicht.

Am nächsten Morgen diskutieren sie nochmals, ob sie die Ferien abbrechen wollen, und entscheiden sich aus verschiedenen Gründen dagegen. Hauptsächlich deswegen, weil die Leichname der Eltern für eine Beerdigung noch nicht freigegeben worden sind und dies noch dauern kann. Laura telefoniert mit Finn, ihrem Bruder. Er akzeptiert den Entscheid. Er stehe in Kontakt mit den Behörden und es laufe im Moment noch einiges, bevor überhaupt über eine Beerdigung nachgedacht werden könne. Laura hält täglich Kontakt zu ihren Angehörigen in der Heimat. Ihr Drang «etwas tun zu wollen», kann sie stillen, in dem sie sich bereits um den Trauerflor kümmert. Zufällig ist eine liebe Bekannte Floristin, sie sprechen sich über die gewünschten Blumen ab, rosa Rosen, wie sie Mama gefallen hatten. Sie vereinbaren zudem, dass Laura bei der Kreation der Blumengestecke mitarbeiten darf. In den verbleibenden Ferientagen brannten täglich die Grossmama- und Grosspapa-Kerzen. Laura und Philipp informieren die Vermieterin der Ferienwohnung. Sie ist eine Bekannte, um so herzlicher ist ihre Anteilnahme. Ihre innige Umarmung erfüllt Laura mit Herzlichkeit und Wärme in mütterlicher Verbundenheit, wie sie auch ihre Mama getröstet hätte. Bei einem Glas Wein und gemeinsamen Gesprächen erfährt Laura, dass ihre Bekannte vor Jahren ihren Ehemann unerwartet von einer Sekunde auf die andere durch einen Herzschlag verloren hatte. Laura findet darin einen kleinen Trost: «Es ist zwar schlimm, aber ich bin nicht die Einzige, die einen

Schicksalsschlag hinnehmen muss.» Sie erfährt von der Vermieterin, dass es ihr damals sehr geholfen hatte, mit anderen über ihren Verlust zu sprechen. Zum Glück teilt Laura die gleiche Offenheit.

4.9 Schuld und Trauer

Ein Gespräch mit der «echten» Laura über ihren Verlust, ihre Trauerarbeit und ihre Schuldgefühle darf ich hier als Interview zur Verfügung stellen:

Was hat dich nach der Nachricht über den Flugzeugabsturz am meisten belastet?

Am meisten belastete mich, dass ich mich nicht von meinen Eltern verabschieden konnte. Kein Tschüss, keine Umarmung. Gerne hätte ich sie nochmals gedrückt.

Hast Du eine Lösung dafür gefunden?

Ja, ich habe mich am Abend vor der Beerdigung bewusst von ihnen verabschiedet. Ich bin zu ihren Urnen gegangen, habe im Stillen mit ihnen gesprochen und ihnen Tschüss gesagt.

Hast Du Dich am Tod deiner Eltern schuldig gefühlt?

Zuerst ja, aber ich konnte die Schuldgefühle bald loslassen. Mir persönlich half meine persönliche Lebensphilosophie. Ich hätte wohl eh nichts daran ändern können, wenn die Stunde für einen da ist, ist sie da. Ich glaube, es ist vorgegeben, wann wir sterben. Die Verstorbenen, unsere Toten werden zu Schutzengeln, die über uns wachen. Wenn ich selbst einmal sterbe, sehe ich all meine Lieben wieder und werde selbst zu einem Schutzengel. Die Tatsache, dass beide miteinander starben, und dass nicht ein Elternteil um den andern trauern muss, tröstete mich ebenso. Dies ist seit jeher ein inniger Wunsch meines Vaters gewesen, was mir in zahlreichen Beileidsbekundungen bestätigt wurde.

Zwischendurch fühlte ich mich schuldig, weil ich in der intensivsten Trauerphase meine Mama sehr stark bei mir spürte. Zu Mama hatte ich immer eine starke Verbindung, sie stand mir als Lebensratgeberin immer zur Seite, war für mich da, sie war mein Rückhalt. Sie fehlte mir in dem Moment sehr stark, und gleichzeitig fühlte ich sie nah bei mir. Ich fragte mich, warum ich Papa nicht spürte, und hatte deswegen ein schlechtes Gewissen. Diese Gedanken drehten sich in meinem Kopf, bis ich sie nach aussen trug und mit meinem Mann darüber sprach. Ihm gelang es, mein Gedankenkarussell zu stoppen, in dem er mich bremste und auch mal deutlich sagte, ich solle aufhören zu grübeln. Gleichzeitig gelang es ihm, mich mit einer Erklärung zu beruhigen, dass ich derzeit einfach die Mama-Kraft mehr bräuchte. Das sei okay und brauche nicht in eine Waagschale gelegt oder bewertet zu werden. Dieser Input von aussen hat mir gutgetan, sonst hätte es sich wohl weiter gedreht in meinem Kopf.

Fühlten sich andere Familienmitglieder schuldig? Gab es im Familiensystem Raum dafür, sich mit dem Thema Schuld zu beschäftigen?

Wir haben familienintern darüber gesprochen, und das hat uns allen sehr gutgetan. Dass wir (diejenigen, die das Geschenk machten) alle wussten, dass den Eltern der Ausflug gefallen hatte, war für uns alle erleichternd und tröstend. Ich muss noch sagen, dass die Eltern den Hinflug erlebt haben. Am Ort der Übernachtung hatte Vater Postkarten an alle verschickt, die sich am Geschenk beteiligt hatten. Diese Postkarten erreichten uns Tage nach dem Absturz. Es war schmerzend und tröstend zugleich, zu erfahren, dass sie glücklich waren und das Flugerlebnis genossen hatten. Wir alle wollten auf das Positive blicken.

Es kam in der Familie dennoch zu Vorwürfen. Woraus bestanden diese Schuldvorwürfe? Wie kam es dazu?

Als ich einer Verwandten ein Erinnerungsstück vorbeibrachte, wurde mir plötzlich vorgeworfen, dass wir im Zusammenhang mit der Hausräumung dies und jenes falsch gemacht hätten. Und das Flugerlebnis zu schenken, sei der grösste Fehler gewesen, das müsse man sich lebenslang vorwerfen. Den Eltern hätte dieses Geschenk sicherlich nicht gefallen.

Wie bist du mit den Schuldvorwürfen umgegangen? Wie bist du mit dem Thema «Schuld» umgegangen?

Ich distanzierte mich deutlich von dieser Person. Diesen Vorwurf zu hören, verletzte mich enorm. Ich hatte sofort das Bedürfnis, mich mit anderen engen Vertrauten auszutauschen, was mir wieder Boden unter den Füssen gab. Gleichzeitig traf der Schuldvorwurf auf keinen fruchtbaren Boden. Ich hatte kein Schuldgefühl mehr und wollte mir auch nichts einreden lassen. Ich weiss von den Postkarten und von Freunden, die meine Eltern am Übernachtungsort noch getroffen hatten, dass sie in dem Moment glücklich gewesen waren. Generell bekam ich auch lange nach der Beerdigung noch einige unschöne Dinge zu hören. Da ich gut mit mir selbst verbunden war, gelang es mir aber zu erkennen, dass dies alter, unbearbeiteter, familiärer Müll war, mit dem ich nichts zu tun hatte und in den ich mich nicht hineinziehen lassen wollte.

Gab es Momente der Wut? Wie sahen diese aus?

Obwohl das Unglück wegen eines Navigationsfehlers passiert war und die Schuld somit die Piloten traf, empfinde ich ihnen gegenüber keine Wut oder Hass, auch keine Rachewünsche oder ähnliches. Sie sind ebenfalls ums Leben gekommen, was traurig genug ist.

Es gab eine Zeit, da war ich wütend auf meinen Vater. Leider musste ich feststellen, dass er gewisse Werte, die er uns als Kind vermittelt hatte, selbst nicht gelebt zu haben schien. Das kratzte am Idealbild, das ich von ihm hatte. Er war stets ein Vorbild für mich gewesen. Meine Wut deckte mein inneres Bild von ihm zu und liess es verblassen. Das wiederum nagte an mir, weil ich meinte, dass ich meine Erinnerungen an Papa verlieren würde. Ich fand erst Frieden, als ich dies in energetischer Therapiearbeit auflösen konnte.

Was hat dir in dieser herausfordernden Zeit am meisten geholfen?

Nach dem ersten Schock zur Ruhe zu kommen, als wir noch im Urlaub waren, und aus der Distanz die ersten Dinge zu regeln, das hat unglaublich gutgetan. Sobald wir zu Hause waren, funktionierte ich nur noch. Ich musste tausend Sachen entscheiden, regeln und organisieren und wollte den Bedürfnissen der Familie gerecht werden. Oft vergass ich zu essen und hatte auch kein

Verlangen danach, ich kochte nur für die Kinder und meinen Mann. Das, was mir normalerweise Kraft verlieh, wie zum Beispiel mein tägliches Joggen, griff nicht mehr. Die Energie für sportliche Betätigung fehlte. Ich spürte, dass mein Körper etwas anderes brauchte, er forderte nicht Aktivität, sondern Ruhe. Ich ersetzte das Joggen durch Spazieren; oft kam ich nicht weit, ich setzte mich einfach nur auf eine Bank und liess den Tränen freien Lauf. Die natürliche Umgebung, die mich an meine Eltern erinnerte, schmerzte und heilte zugleich.

Zur eigentlichen Trauer gesellten sich auch zwischenmenschliche Dynamiken, die mich forderten. Da ich mich entschied, an der Beerdigung einen Lebenslauf als Würdigung für meine Eltern zu lesen, wurde ich aus dem nahen Umfeld mit Anfeindungen konfrontiert und mir wurde gesagt, ich würde das alles nicht schaffen. Ich brauchte viel Kraft, um innerlich bei mir zu bleiben und mich wahrzunehmen. Dafür durfte ich auf die Zusprache von vielen Freunden und Bekannten zählen, die mich unterstützten.

Nicht zuletzt gewann ich Energie durch die Atemtherapie, die mir durch ballastabwerfende Gespräche und bewusstes Atmen half, die Bedürfnisse in meinem Körper zu spüren, mich zu erden. In der Meditation fand ich ebenfalls Ruhe.

Ich schrieb einen Brief an meine Eltern, in dem ich ihnen alles mitteilen konnte, was mir wichtig erschien.

Grundsätzlich war ich immer im Reinen mit ihnen, aber es gab noch Dinge, die mir wichtig zu erzählen waren. Diesen Brief verbrannte ich in einem rituellen Höhepunkt. Das bewusste Verabschieden von meinen Eltern am Tag vor der Beerdigung tat mir ebenfalls sehr gut. Ich konnte ihnen im Leben nicht tschüss sagen, das geistige Zwiegespräch in ausgewählter Ruhe stellte dann das endgültige Adieu dar.

Nach der Beerdigung erhielten wir sehr viele Beileidsbekundungen. Ich fand darin grossen Trost, verbunden mit vielen tiefen Gesprächen mit Freunden. Mir wurde mitgeteilt, dass mein offener Umgang mit der Trauer für das Umfeld erleichternd war, sie wussten, woran sie waren, und hätten nicht das Gefühl gehabt, mich mit Samthandschuhen anpacken oder um die tragischen Ereignisse komisch herumreden zu müssen. Sie respektierten meine Gefühlslage und die Auszeiten, die ich brauchte. Mir selbst half es sehr, über meine Gedanken und Gefühle zu reden. Es erleichterte die Schwere und füllte mich zugleich mit neuen Gedanken, die mir beim Sortieren im Kopf und in der Seele halfen. Schlussendlich erkannte ich endgültig, dass meine Eltern in einem glücklichen Moment aus dem Leben gegangen (oder geholt) wurden. Das Geschenk, das sie von uns erhielten, hatte ihnen eine besondere Freude bereitet. Das bleibt ein Trost für mich, mit dem ich das Unglück gut einordnen kann. Tröstende Worte und Taten (wie ein spontan erhaltener Sonntagszopf) von Nachbarn und

Hausgästen nährten mich. Zu manchen Menschen ergab sich eine engere, tiefere Verbindung wie zum Beispiel zu meiner Familie oder zur Ferienwohnungsvermieterin, die uns an ihren schicksalshaften Erfahrungen teilhaben liess.

Ebenso hilft mir meine Lebensphilosophie beim Finden von Antworten. Und manchmal tröstet mich der Gedanke, dass meine Eltern keine schmerzvolle Leidenszeit wegen Krankheit oder demenzartigem Altersabbau durchleiden mussten. Tragik und Leiden hat verschiedene Gesichter. Jetzt ist es gut, so wie es ist. Auch wenn es immer noch schmerzt.

Noch im selben Monat des Unglücks erwanderten mein Mann und ich den Weg zum Absturzort. Ich wollte wissen, wo genau es passiert war. Ruhig und in Gedanken bei meinen Eltern wanderte ich Schritt für Schritt zum Ziel. Als ich nach der Ankunft die Nähe zur Natur und zur kraftvollen Bergwelt wahrnahm, spürte ich die Verbundenheit zu meinem Vater sehr stark, was mir Frieden schenkte.

Möchtest Du anderen Mitmenschen etwas mit auf den Weg geben?

Sprecht offen über eure Gefühle. Es ist wichtig, Hilfe anzunehmen. Man muss nicht alles allein bewältigen. Seid bei euch und bleibt euch selbst treu.

Was nimmst Du mit aus diesen Erfahrungen?

Mich haben diese Erlebnisse schlussendlich zu einer anderen, gestärkten Person gemacht. Ich bin näher bei mir, kenne mich besser. Auch für die Zukunft will ich im Reinen sein mit mir und meinem Gegenüber, will zu mir und meinen Liebsten stehen. Ich wünschte mir, dass mit alten Geschichten aufgeräumt werden kann. Besser wäre es, keinen unausgesprochenen Gefühlsstau anhäufen zu müssen. Man muss aufräumen im Leben und nötigenfalls auch Hilfe annehmen.

5 Trauerprozesse

5.1 Loslassen und Trauer

Das Lebensrad dreht sich unerbittlich, auch wenn wir diesen Kreislauf manchmal am liebsten anhalten und zum Erstarren bringen möchten. Veränderungen sind nicht immer erfreulich, und in diesen Übergangsphasen brauchen wir viel Zeit. «Du musst loslassen», heisst die besserwisserische Devise von allen Seiten. Müssen wir das? Nein, wir müssen gar nichts. Wir sind die Meister unseres Lebens. Wir wählen unsere Freiheiten, wir treffen unsere Entscheide und leben mit den daraus entstehenden Konsequenzen. Sind wir zufrieden mit den Folgen? Wenn die Antwort mit einem entspannten Ja beantwortet werden kann, hat man gute Strategien gewählt. Manchmal führen für gut befundene Entscheide jedoch nicht zu den Auswirkungen, die wir uns erhofft haben – und trotzdem können sie richtig sein. Manchmal drängen äussere Umstände uns dazu, Wege einzuschlagen, die wir von selbst nicht gewählt hätten. Was sich als Umweg zeigt, mag sich im Nachhinein als Etappe erweisen, die wichtige Erfahrungen für uns bereitgehalten hat, ohne die wir den weiteren Weg nicht gemeistert hätten. Oder es sind Wegabschnitte, die beglückende Überraschungen gebracht haben. Ein Wanderweg startet zum Beispiel beim Ausgangspunkt A. Um das Ziel D zu erreichen, führt der direkte Weg über Punkt C. Dieser Weg ist aber sehr steil und landschaftlich eher karg und schattig. Der Umweg über Punkt B dauert einige Stunden länger und bietet eine herrliche Aussicht mit abwechslungsreichem Sonnen- und Schattenspiel. Wir treffen auf freundliche Menschen, von deren Begegnungen wir nachhaltig geprägt werden.

Zum Zeitpunkt unserer Wahl wissen wir meistens nicht, was uns danach erwartet. Vielleicht mögen wir es erahnen, wirklich beurteilen können wir erst aber im Nachhinein. Wir leben das Leben vorwärts und betrachten (oder begutachten) es rückwärts. Die goldene Mitte dieser Waage ist das Jetzt, in dem kein Urteil, keine Bewertung stattfindet. Ob das Jetzt mehr von der Vergangenheit oder von der Zukunft geprägt ist, ist eine andere Frage. Ein Festhalten an Vergangenem mag Teil des Balanceaktes sein, um sich nicht komplett zu verlieren. Ein «Du musst halt loslassen» definiert keine Richtung. Es könnte «frei lassen» oder auch «freier Fall» bedeuten.

Wenn wir von Festhalten sprechen, schliessen wir in der Vorstellung automatisch die Hand, umgekehrt öffnen wir sie, um ein Freilassen zu verdeutlichen. Fragen wir uns, was Gegenstand oder Inhalt des Freizugebenden sein kann, gibt es Unmengen von Beispielen: eine Kinderhand, eine Ballonschnur, eine Hundeleine und so weiter. Das Öffnen der Hände ist ein simpler Akt. Der Ballon fliegt in die Luft. Das

Kind wird aus der sicheren Führung entlassen. Der Hund darf sich frei bewegen. Die physische Handlung des Händeöffnens tut nicht weh. Die Bedeutung, die wir dem Freigelassenen zugestehen, hängt von unseren eigenen Emotionen ab. Erfahrungen aus der Vergangenheit und die Art, wie wir in die Zukunft blicken (ängstlich oder vertrauensvoll) färben das Empfinden mit.

Das frei herumrennende Kind zaubert der Mutter ein Lächeln ins Gesicht. Sie ist stolz darauf, ihr glückliches Kind zu beobachten und zu sehen, wie sicher es inzwischen laufen kann. Noch vor wenigen Tagen brauchte es regelmässig ihre haltende Hand.

Der leinenlose Hund ist ebenso glücklich. Eine Herausforderung könnte es für den Hundeführer werden. Bei ihm glänzen ängstliche Schweisstropfen auf der Stirn, unsicher, ob das Zurückrufen des Hundes auch wirklich funktioniert.

Wofür steht der Ballon? Für freudige Kinderaugen anlässlich eines Kindergeburtstages? Für gute Wünsche bei einer Trauung? Oder symbolisch als bunter Schlusspunkt einer Trauerrede?

Wir sind in verschiedenen Lebenssituationen mit der Energie des Loslassens konfrontiert. Zum Beispiel, wenn Eltern ihre erwachsen gewordenen Kinder ziehen lassen. Stolz, dass aus kleinen Kindern verantwortungsbewusste junge Menschen geworden sind. Ungewohnt, weil es zu Hause still wird und sich die Aufgaben der Eltern, das Kümmern und Sorgen, verändern. Vielleicht fragend, wie es nun im stillen Haus weitergehen soll und ob es den Kindern in ihrem Erwachsenendasein gut gehen wird.

Der Tod, der uns ein endgültiges Loslassen aufzwingt, fordert ein finales Abnabeln ein. Da ist vielleicht ein Ehemann, der monatelang um seine zu früh verstorbene Frau trauert. Der Krebs hat sie ihm nach einem langen, schmerzhaften Krankheitsverlauf mit vielen Auf und Abs genommen, nachdem er sie jahrelang liebevoll gepflegt hatte. Die wiederholten guten Phasen liessen ihn stets hoffen, doch jetzt ist sie tot. Endgültig. Seine Kinder trösten ihn und sagen Sätze wie «Lass los», «Sie ist jetzt an einem besseren Ort» oder «Jetzt hat sie keine Schmerzen mehr». Der trauernde Ehemann versteht, was die Kinder ihm sagen wollen, er hört den wohlgemeinten Trost, doch dieser erreicht ihn in seiner Trauer (noch) nicht. Er kann nicht einfach loslassen. In den letzten Jahren hat sich praktisch alles um die Pflege seiner Frau gedreht. Eine Aufgabe, der er sich rund um die Uhr gestellt hat. Jetzt, wo sie nicht mehr da ist, weiss er nicht mehr, was er mit sich anfangen soll. Die entstandene Leere fühlt sich an, als wäre der Berg, den er zuvor kräftezehrend und mit grosser Hingabe erklommen hat, in sich zusammengestürzt, und ihn dabei mitgerissen hätte. Was soll er noch loslassen? Es ist doch schon nichts mehr da, woran er sich festhalten kann. Sie fehlt ihm so sehr.

Unser Erleben, Erfahrungen prägen uns und beeinflussen unser Denken, Handeln und Fühlen. «Du musst loslassen», heisst im Grunde genommen «Lass die (Erlebnisse aus der) Vergangenheit los und schau noch vorne». Manchmal bedeutet es wohlmeinend «Hör endlich auf zu trauern», womit suggeriert wird, dass Trauer einen Endpunkt kennt. Doch Trauer verläuft nicht linear von Punkt A nach Punkt B. Sie mag verblassen und sich in der Intensität verändern, innerhalb einer Zeitspanne, die für jeden individuell ist. Manche Trauernde sagen sogar, sie höre nie auf, aber man lerne mit der Zeit, besser damit umzugehen. Vergangene Erfahrungen können wir nicht abschneiden und zurücklassen, sie wurden zu einem Teil unserer Persönlichkeit. Wir können sie nicht aus dem Körper oder dem Geist schneiden und wegwerfen. Da sind Erinnerungen, die verblassen könnten; eine Leere, die noch leerer wird. Da mag uns eine Ungewissheit entkräften, nicht wissend, was die Zukunft bringt und wie wir sie mit den veränderten Bedingungen angehen mögen. Vielleicht schwächen tiefe seelische Wunden einen Heilungsprozess. Schuldgefühle, Wut, Rache, Ohnmacht. Emotionale Verletzungen, die versöhnliche, lindernde Pflege benötigen. Loslassen kann einen Prozess darstellen, das Vertrauen in den Rhythmus des Lebens wiederzufinden.

Das Leben als einen fortwährenden Prozess der Veränderung zu verstehen, bedeutet, dass es dafür zwangsläufig immer wieder Anpassungen unsererseits braucht. Diese Schritte nach vorne können wir nur vollziehen, wenn wir etwas hinter uns lassen. Das Leben ist von Anfang an und bis zum letzten Atemzug ein Prozess des Loslassens und der Veränderung. Trauer bedeutet dabei, uns an Verluste in unserem Leben zu gewöhnen und anzupassen. Sie begleitet uns in alltäglichen Veränderungen und in den unterschiedlichsten Lebenssituationen. Wir nehmen Abschied von einer Erfahrung, einer Lebensphase, die in gleicher Form nicht wieder eintreten wird. Loslassen bedeutet, eine Trauerphase zu durchleben. Auch wenn ich mich wiederhole: Durchleben heisst nicht, von A nach B zu kommen und dann nicht mehr traurig zu sein. Ein gelungener Trauerprozess endet in einer Form der Akzeptanz gegenüber der neu eingetretenen Situation. Es bedeutet nicht, dass der Verlustschmerz aufgelöst ist. Er ist verändert, durch eine angepasste innere Einstellung auf die neue Lebenssituation. Die Zeit spielt hier eine sekundäre Rolle. Jeder Mensch darf seinen Rhythmus und seine Zeit in einer Trauerphase finden. Dass die Zeit alle Wunden heilt, stimmt nicht. Sie schafft lediglich Distanz zum Erlebten, zum Schock oder Leid, das damit verbunden ist. Ob und wie die Wunden heilen, liegt an unserem Umgang mit der Wund- respektive Seelenpflege. Kleben wir nur ein Pflaster drauf, ohne uns um die (seelische) Verletzung zu kümmern, könnte es zu unschönen Überraschungen kommen.

5.2 Trauerphasen

Trauer ist eine gesunde, normale Reaktion auf einen Verlust. Sie ist weder krankhaft noch aussergewöhnlich, auch wenn die Intensität dieser Emotionen manchmal eine grosse Herausforderung sein kann und sich sehr belastend anfühlt. Die Art, wie wir sie durchleben, kann unterschiedlich wahrgenommen werden. Verschiedene Trauermodelle bieten unterschiedliche Betrachtungsweisen darüber, wie ein Trauerprozess ablaufen kann. Es geht darum nicht um Richtig noch Falsch, sondern um hilfreiche Inputs zum Einordnen und Wahrnehmen des (eigenen) Trauererlebens.

Die bekannte Sterbeforscherin Elisabeth Kübler-Ross hat in ihrem jahrzehntelangen Wirken und Studieren fünf wesentliche Phasen des Sterbens und der Trauer definiert. Sie beginnen mit dem

1. **Nicht-wahrhaben-wollen,** der Schock dominiert. («Nein, nicht ich, die Diagnose Krebs muss falsch sein»). Die erste Phase der Ablehnung ist eine Desorientierung nach dem Schock.

2. **Wut** ist der Übergang zur nächsten emotionalen Phase. Sie kann ein wichtiger Energieantrieb sein. Auch Schuldgefühle und Angst können sich in den Trauerprozess mischen. Alles darf Platz haben, solange es nicht selbstzerstörend wirkt («Warum ich? Warum lässt Gott das zu? Die Ärzte sind schuld, sie haben Fehler gemacht. Warum hast du deine

Krankheit vor mir versteckt?» Die Wut richtet sich gegen sich selbst oder auf andere Personen.

3. Ein **Verhandeln** oder Feilschen (auch mit Gott) beginnt («Was würde ich nicht alles darum geben, wieder einen Tag der Normalität zu erleben? Wenn ich eine Pilgerreise mache, heilst Du mich dann?»).

4. Der Verlust wird begriffen und eine körperliche, seelische Niedergeschlagenheit tritt ein, die Phase der **Depression**. Eine depressive Zeit der Hoffnungslosigkeit, Schwere und Lustlosigkeit ist durchaus normal und darf nicht als psychischer Krankheitszustand verstanden werden.

5. Die Phase der **Akzeptanz** und des tiefen Annehmens des Verlustes bilden die letzte Phase des Prozesses.

Die Phasen sind nicht als Etappen zu verstehen, die erfolgreich erklommen werden müssen. Es sind kürzere und längere Zeiten, die nicht zwingend in dieser Reihenfolge auftreten. Die eine Phase ist vielleicht ausgeprägter als die andere oder wird übersprungen und zeigt sich womöglich zu einem späteren Zeitpunkt.

Vielleicht lohnt sich eine genauere Betrachtung dieser Phasen. Aus welchen Lebensmomenten kennen wir solche Erfahrungen? Trennung? Scheidung? Jobverlust? Unerwartete Verluste? Nicht erfüllte Wünsche? Dabei können die gleichen

Trauerepisoden auftreten, wie im Zusammenhang mit dem Sterben.

Ein Trauerschmerz will gelebt werden und in einem Anpassungsprozess eine neue Ausgangslage schaffen: Das Einstellen auf eine Umgebung, in der das Verlorene fehlt. In dieser Anpassung kann auch Veränderung passieren. Es geht nicht darum, eine Phase nach der anderen zu durchleben und abzuschliessen. Die Gefühle vermischen sich, im Kern definiert sich das Geschehen an den genannten Hauptmerkmalen.

Ein anderes Verständnis haben Stroebe und Schut. Ihre Theorie besagt, dass Trauer auf zwei Arten abläuft: Eine verlustorientierte und eine wiederherstellungsorientierte, wobei sich die Trauernden zwischen diesen Wegen hin und her bewegen, weshalb das Modell als duales Prozessmodell[14] bezeichnet wird. Der verlustorientierte Prozess richtet das Erleben des Trauernden auf den Verlust, den Schmerz und die Trauer. Das wiederherstellungsorientierte Erleben lenkt von der Trauer und dem Schmerz ab und ermöglicht quasi Pausen in der Trauer. So kann die (all-)tägliche Arbeit, zum Beispiel durch die Ausübung des Berufes, als willkommene Ablenkung dienen. Ignorieren oder Verdrängen von Gefühlen werden hier nicht als ungesund betrachtet, sondern viel mehr als schmerzlindernd definiert, weil das Leben weitergeht und die wichtigen Aufgaben erledigt werden müssen.

---

[14] https://iwofr.org/de/das-duale-prozessmodell/

So oder so will die Trauer gelebt werden. Tröstend ist, dass alle trauern. Aber nicht alle wollen in der Trauer getröstet werden. Manchmal ist die Trauer das Einzige, was bleibt, um eine Verbindung zur verstorbenen Person herzustellen. Trauer ist ein universelles, menschliches Gefühl. Der individuelle Ausdruck unterscheidet sich je nach Prägung und kulturellem Hintergrund. Emotionale Äusserungsformen können sich in Tränen, Niedergeschlagenheit, Verzweiflung und depressiven Gefühlregungen ausdrücken, aber ebenso sind Wut und Zorn Teil der Trauer. Erleichterung kann auftreten, wenn ein Druck, der lange als schwere Last empfunden wurde, durch den Verlust plötzlich wegfällt. Auch Lachen darf in der Trauer Platz haben. Zum Trauer-Ausdruck gehört das Recht, Fragen nach Sinn und Unsinn des Todes stellen zu dürfen. «Warum ich? Warum jetzt?» Auch wenn wir keine plausiblen Antworten dazu liefern können, bringt Ludwig Burgdörfer benennt diese Frage in seinem Buch «Mein Beileid» als «Widerspruch, Protest, Verweigerung, Ablehnung, Unverständnis in einem» und schreibt «Das WARUM ist ein unveräusserliches Trauer-Menschenrecht!»[15]

In jedem Übergang und in jeder Verwandlung stecken Unsicherheit und Fragilität, die durchlebt werden müssen. Wir verlassen eine bekannte und vertraute Situation, was uns zunächst verunsichert. Was als nächstes kommt, ist noch nicht absehbar und vielleicht auch nicht willkommen. Ein

---

[15] Ludwig Burgdörfer, Mein Beileid, Dasein und Anteil nehmen, S. 100/101, 2022, Gütersloher Verlagshaus

Sterbender lässt in kleinen Schritten seine körperliche Hülle fallen, die ihm jahrzehntelang vertraut war und treu diente. Das (sinnliche) Wahrnehmen der Umwelt reduziert sich, und der Lebenshauch wird immer feinstofflicher, die Seele bereitet sich auf einen Übergang vor. Wie das Wasser, das sich durch Erhitzen in Dunst verwandelt oder vor dem eisigen Erstarren durch eine Phase von Zerbrechlichkeit geht, birgt jeder Übergang Fragilität. So wie Sterbende in eine andere Dimension übergehen, müssen Hinterbliebene mit dem Verlust umgehen und lernen, in der der Leere neu zu navigieren. Fragil und sensibel wandeln sie auf veränderten Pfaden in eine neue Lebenszeit. Nach einer integrierten Trauerphase kann wieder Neues entstehen.

Wenn wir vergleichend die Natur hinzuziehen, sehen wir in ihr die wahnsinnige Kraft, mit der sie immer wieder Neues hervorzubringen vermag. Nach einem Waldbrand zum Beispiel ist die verbrannte Gegend tot. Pflanzen, Bäume, Vögel und Insekten sind weg oder verbrannt. Totenstille beherrscht die Gegend. Der Boden ist mit Asche bedeckt. Doch was im ersten Moment apokalyptisch anmutet, kann für die Natur Regeneration bedeuten. Manche Pflanzensamen keimen erst nach einem Feuer, der australische Grasbaum benötigt sogar die Rauchgase in der Luft, um seine Samenkapseln öffnen zu können.[16] Über kurz oder lang wird neues Leben entstehen. Fein und zart zeigen sich die ersten Pflänzchen, die noch

---

[16] https://www.geo.de/geolino/natur-und-umwelt/5259-rtkl-feueroekologie-neues-leben-nach-dem-brand

jedem Windhauch ausgeliefert sind, sich biegen und krümmen, bis ihre Wurzeln tief in die Erde reichen und sie wieder Halt gefunden haben. Im Vergleich zum kurzen Erdendasein des Menschen mag die Zeit der Regeneration sehr lang erscheinen. Doch für die Natur, die seit Millionen von Jahren wirkt, ist es eine sehr kurze Zeit. Die entstandene Leere nach dem Brand mag trostlos aussehen, doch in ihr mögen sich kleine Wunder verbergen, weil der gewonnene Platz womöglich neuartige Pflanzen erblühen lässt, die vorher aus Platz- oder Konkurrenzgründen nicht wachsen konnten. Die ersten schnellwachsenden Bäume werden ihr Habitat zurückerobern. Es mag schlussendlich nicht mehr so aussehen wir vorher, aber der einst verwundete Boden ermöglicht neues und vielleicht andersartiges Leben. Ähnlich mag eine durchlebte Trauer aussehen. Der tiefe Schmerz mag sich wandeln und einem schönen neuen (anderen) Lebensabschnitt Platz machen.

5.3 Trauer und Trauma

Abschiedsmomente sind einschneidende Erfahrungen, die sich nicht nur in unseren Emotionen und unserem Geist niederlassen, sondern auch im Körper wahrnehmbar sind. Der seelische Schmerz drückt auf den Brustbereich und schnürt uns die Kehle zu, das Weinen bringt unseren Körper zum Beben. Haben Sie schon mal Tränen zurückgehalten? Wenn ich meine, das tun zu müssen, halte ich unbewusst den Atem an, um zu versuchen, den Fluss der Tränen zu stoppen. Irgendwann führt es zu Atemnot und Herzklopfen, und im Brustbereich fühle ich noch mehr Druck. Spätestens dann spüre ich meinen inneren Widerstand gegen die Tränen, dessen Sinnlosigkeit mein Körper mir klar zu verstehen gibt. Bauchatmung und das Zulassen der Tränen bringen meinen Stau in solchen Situationen wieder einigermassen in den Fluss. Doch wenn wir diesen Fluss über einen längeren Zeitraum hinweg nicht zulassen, behindern wir natürliche körperliche und seelische Reaktionen, was in Blockaden enden und im Nervensystem zu einer Störung führen kann. Wenn wir in schmerzlichen Erfahrungen steckenbleiben, kann dies zu einem Trauma führen.

Stellen wir uns einen heftig rauschenden Fluss vor. Bei einem Sturm werden Geröll, Schlamm und Baumstämme mitgerissen und blockieren den Fluss an irgendeiner Stelle. Es staut und staut. Die Barriere unterbricht zwar den Lauf, hindert den Fluss aber nicht daran, weiterzufliessen. Das

Gewässer kann nicht anders, es strömt weiter und überschwemmt irgendwann. Das Zuviel kann nicht angemessen abgetragen werden und hinterlässt entsprechende Spuren.

Peter A. Levine, einer der bedeutendsten Traumaforscher, erklärt das Trauma als blockierte Energie, die nicht gelöst werden kann. Es sind körperliche und psychische Reaktionen auf ein Ereignis, die nicht durchlebt bzw. zum Abschluss gebracht werden können. Levine orientiert sich an den körperlichen Symptomen unserer Instinkte. Die Herzfrequenz steigt, wenn wir eine Bedrohung wahrnehmen, was unseren Körper darauf vorbereitet, anzugreifen oder zu fliehen. Die Vorbereitung auf ein solches Handeln war früher, in Zeiten des «Jagens und Sammelns», überlebensnotwendig. Die aufbauende Energie des erhöhten Pulses generierte die Kraft, um einem Tier nachzujagen und es zu töten, oder vor einer übermannenden Gefahr zu fliehen. Die mobilisierte Kraft wird durch die Handlung der Jagd oder Flucht abgebaut. Kann diese nervliche Reaktion (die mobilisierte Energie) nicht abgebaut werden, sprich, wenn wir erstarren, bleibt die körperliche Symptomatik im Körper haften (Blockade).[17]

Trauer muss kein Trauma sein. Sie kann Essenzen davon beinhalten, wenn die Intensität einen übermannt und länger anzudauern vermag. Eine schockierende Nachricht über den Tod einer nahestehenden Person zum Beispiel kann im ersten Moment nicht verinnerlicht werden. Alle Sinne und Emotionen wehren sich dagegen. «Es darf und kann nicht sein!»

---

[17] Levine Peter A., Sprache ohne Worte, S. 12, 2023, Kösel Verlag

Dieser Widerstand kann sich lange aufrechterhalten. Das mag seinen Grund haben, die natürliche Selbstregulation erstarrt, sie ist überfordert und unfähig, auf die Situation zu reagieren, es handelt sich quasi um eine Überstimulierung der Gefühle, die von einer überwältigenden Hilflosigkeit und Handlungsunfähigkeit ausgelöst wurde. Darin liegt keine Wertigkeit, diese Reaktion ist als Selbstschutz zu sehen und als Ablauf, die unserem Nervensystem zugrunde liegt. Es darf oder muss sogar sein, dass wir eine Reaktion von uns fernhalten, es ist eine instinktive Schutzmassnahme. Wenn wir darin erstarren oder wiederholend gegen die schmerzlichen Gefühle ankämpfen, verstärken wir sie in der Regel. Sie kehren irgendwann zurück, in einer anderen Symptomatik, vielleicht sogar mit körperlichen Beschwerden. Wichtig ist, dass der Schock aufgeweicht und man wieder beweglich werden darf, damit die blockierte Energie wieder ins Fliessen kommt. Der angestaute nervliche Überschuss braucht Entladung. Trauer will gelebt werden. Bezüglich Traumata beschreibt es Levine folgendermassen: «Eine Zukunft, die zu stark von der Vergangenheit determiniert wird, ist keine Zukunft. Genau diese Fixierung auf die Vergangenheit, die nicht mehr wahrnimmt, dass die Zukunft völlig anders aussehen kann, passiert bei einem Trauma.»[18] Nicht gelebte Trauer blockiert und verhindert eine gesunde Sicht auf das eigene Leben und die Gestaltung einer Zukunft. Mit den Worten von Levine: «Anders als unsere Freunde aus der Tierwelt neigen wir Menschen leider dazu, uns an die Vergangenheit zu klammern, wenn wir unter

---

[18] Levine Peter A., Sprache ohne Worte, S. 294, 2023, Kösel Verlag

Stress stehen. Nur der Mensch verliert sich in Bedauern über Vergangenes und hat Angst vor der Zukunft, womit er sich vom Hier und Jetzt entfernt und seinen Halt verliert. Wir könnten diese mangelnde Lebendigkeit der Gegenwart durchaus als Zeitkrankheit bezeichnen.»[19]

Manchmal wünschte ich mir, ich könnte den angestauten Stress abschütteln, so wie es Hunde tun: mich vom kleinsten Zeh bis zur äussersten Haaresspitze jedes Körperteils bis in die kleinste Zelle durchschütteln. Schon in der Vorstellung fühlt sich dies erfrischend an.

Trauma ist keine Krankheit, sondern eine menschliche Erfahrung, die im Zusammenhang mit Überlebensinstinkten steht.

Trauer ist keine Krankheit, sondern eine normale Reaktion auf einen Verlust, der sich durch emotionalen Schmerz ausdrückt.

Beides braucht Beachtung.

---

[19] Levine Peter A., Sprache ohne Worte, S. 294, 2023, Kösel Verlag

5.4 Laura

Laura schliesst die Augen und lächelt. «Hallo Papa, hallo Mama, schön, dass ihr da seid», schliesst sie ihre Eltern liebevoll in ihre Gedanken mit ein. Laura arbeitet, und ihr Arbeitsplatz hebt soeben vom Boden ab. Wie immer geniesst sie den sanften Druck beim Durchstarten des Flugzeugs. Sie lässt sich von ihrem Sessel und vielleicht auch ein klein wenig von ihren Eltern umarmen.

Es hat eine Weile gedauert, bis sich Laura wieder mit lustvoller Stimmung und einem positiven Grundgefühl im Luftfahrzeug bewegen konnte. Überhaupt ist ihr das Arbeiten anfänglich schwergefallen. Nach dem Tod ihrer Eltern hatte das Fliegen eine andere Bedeutung bekommen, die Erinnerung an den tragischen Absturz war lange Zeit mitgeflogen. Nicht dass Laura selbst Angst vor einem Absturz gehabt hätte; nein, aber da war dieses beklemmende Gefühl der Trauer, weil ihre Eltern im Zusammenhang mit Lauras Herzenstätigkeit, dem Fliegen, ums Leben gekommen sind. Und so empfindet sie die bittere Leere des Fehlens ihrer Eltern in diesen Momenten besonders stark. Auch wenn es keine Schuldgefühle sind, die Laura begleiten, verdunkelt die Schwere und der Seelenschmerz ihre Lebensfreude. Eine kurze Zeit lang hat sie sich sogar überlegt, ihren Beruf als Flugbegleiterin an den Nagel zu hängen. Doch zum Glück legte sich dieses Gefühl schnell wieder.

«Laura, das war seit deiner Kindheit dein Lebenstraum, und du hast viel dafür gegeben, um dies Wirklichkeit werden zu lassen. Du bist traurig, ja, das darfst du auch sein. Aber deinen Job deswegen aufgeben? Nein, das hätten deine Eltern nicht gewollt», bekam sie von ihren Freundinnen und vielen Bekannten zu hören. Auch ihr berufliches Umfeld konnte Laura rasch vom Gegenteil überzeugen: «Du strahlst so viel Freude und Hingabe für diesen Beruf aus. Kaum heben wir ab, leuchten deine Augen. Das spüren die Passagiere und wir im Team. Wir würden es bedauern und dich sehr vermissen, wenn du gehst.»

Die Argumente aus ihrem Umfeld fanden leichten Boden in ihrem Gefühlschaos. Weil Laura sich selbst mittlerweile sehr gut kennt, spürt sie klar, dass sie es irgendwann bedauern würde, wenn sie nicht mehr als Flugbegleiterin arbeitet. Sie fliegt zu gerne, als dass sie dies aufgeben will. Zudem würde es auch ihre Eltern nicht zurückbringen.

Laura lässt sich Zeit zum Trauern, ohne eine Entscheidung zu treffen. Sie gibt sich ihren Emotionen hin, durchlebt Hochs und Tiefs. Auch wenn sie manchmal das Gefühl hat, den Boden unter den Füssen zu verlieren, bleibt eine Standfestigkeit, auf der sie aufbauen kann. Dank vielen Gesprächen mit Freundinnen, dem Auspowern beim Tanzen (was sie immer noch als Hobby auslebt) sowie einer punktuellen therapeutischen Unterstützung findet Laura nach einiger Zeit innere Ruhe. Das Karussell der tausend Gedanken dreht sich langsamer, das Körpergefühl wird leichter, und durch den wiedergewonnenen inneren Halt kann sie die Emotionen besser auffangen und regulieren.

Während einer ihrer nächsten Flüge empfindet Laura die Gedanken an ihre Eltern so intensiv, dass sie beinahe glaube, ihre Anwesenheit zu spüren. Fast so, als könnte sie die Freude miterleben, die sie während ihres Fluges im Junker-Flugzeug verspürt hatten. Laura bleibt fast der Atem weg, doch sie fühlt sich in diesem Moment so sehr getröstet und getragen, dass sie eine tiefe Ruhe verspürt. Sie beschliesst, dies zu einem Ritual zu machen.

Seither nimmt Laura ihre Eltern in Gedanken auf jede ihrer Flugreisen mit und findet auf diesem Weg ihren Frieden.

5.5 Finn

«Zieh dich hoch und dann orientiere dich nach links! Ja, genau so, du machst das gut!», leitet Finn einen Neuling an. Seit ein paar Wochen arbeitet er in einem Boulderpark, wo er Anfänger ins Klettern ohne Seil einführt. Zu Beginn widerstrebte ihm diese Tätigkeit, zu sehr war sie mit seiner persönlichen Geschichte verbunden. Immer noch hadert Finn damit, dass er nicht mehr klettern kann, auch wenn er mittlerweile vieles an seiner neuen Lebenssituation akzeptiert hat. Das Klettern aber juckt in seinen Fingern, und sein Herz schlägt Kapriolen, die seine widersprüchlichen Gefühle verdeutlichen: Seine Freude an diesem Sport sowie der Schmerz, dass er diesen nicht mehr wie früher ausüben kann. Der Druck, dass er Geld verdienen muss, weil er eine Entschädigung abzahlen muss, liess ihm aber keine grosse Wahl. Er fragte in seinem alten Kletterumfeld herum, irgendjemand von einem Jobangebot wüsste. Das fiel ihm nicht leicht, da er sich von so vielen Menschen distanziert hatte. Jedoch spürte er an den Reaktionen aus der Klettergemeinschaft, dass sie ihn nicht vergessen hatten. Mit seinen Fähigkeiten aus der aktiven Zeit überzeugte und beeindruckte er viele Sportler. Auch wenn er charakterlich nicht der einfachste war, die sportliche Leistung bleibt in Erinnerung. Dank dieser Bekanntheit bekam er auf diesem Weg ein Jobangebot in einem Boulderpark, wo er nun sein Wissen und Können an Neueinsteiger weitervermitteln kann. Er ist sehr froh und dankbar über diese Chance. Auch wenn es nicht das Gleiche ist wie früher, kann er doch wieder an seinen persönlichen Stärken anzapfen. Das Ungewohnte fühlt sich noch unsicher und merkwürdig an, jedoch tut es gut. Er spürt, dass er noch immer zu etwas taugt, sein angekratzter Selbstwert verwandelt sich langsam wieder in ein gesundes Selbstvertrauen.

Das Desaster, dass er fast eine Frau vergewaltigt hätte, sitzt ihm noch immer in seinen Knochen. Jedoch ist er dankbar für die Gespräche und Lösungen, die nach dem Täter-Opfer-Ausgleich gefunden worden waren. Dass die betroffene Frau ihm in die Augen sehen konnte, beschämte ihn zwar zutiefst, war aber zugleich der Spiegel, den er brauchte, um etwas an seiner Situation zu verändern. Nach der Beratung durch entsprechende Fachpersonen, die ihn auf diesem Weg begleiten konnten, fand er einen kompetenten Arzt, der ihn in seinem Schmerzmittel- und Alkoholentzug unterstütze. Durch diesen Prozess begleitete ihn ebenfalls ein Psychotherapeut. Für Finn hatte der körperlich-medizinische Teil vor den seelischen Aspekten Priorität. Er wollte seinen Körper wieder spüren. Die Gespräche beim Therapeuten waren für ihn herausfordernd und schwierig. «Ich kann nicht so offen reden wie Laura. Ich kann und will nicht mit anderen Menschen über meine privaten Dinge reden», äussert er sich. Am liebsten möchte Finn alles selbst regeln, jedoch zeigt seine Vergangenheit mehr als deutlich, dass ihm dies bislang nicht sonderlich gut gelungen ist. Insofern tat es gut, eine Art Auslegeordnung mit einer Fachperson zu diskutieren. Er entschied sich jedoch, die psychologische Begleitung danach zu stoppen.

Kurz danach ereignete sich das tragische Unglück seiner Eltern. Finn war zu dieser Zeit immer noch mit sich selbst beschäftigt, zwar einige Schritte weiter, aber alles andere als stabil. Er fühlte sich zwar seinen Eltern nicht so nah wie seine Schwester, und dennoch waren sie seine Eltern. Finn fand sich in einem Gefühlschaos wieder. Auch er war abgestürzt. Aber er hatte überlebt. Der zweite Absturz war psychischer Art. Und jetzt? Seine Eltern? Abgestürzt? Tot? Finn wusste nicht, wohin mit seinen Emotionen und Gedanken. Um diese Überflutung zu lindern, griff er zu seiner alten Strategie: dämpfen und vergessen, mit Alkohol.

Zum Glück realisierte Laura dies frühzeitig. «Hast du komplett den Verstand verloren? Du hast einen langen, aber guten Weg hinter dir, um aus deinem Mist herauszukommen. Und was machst Du? Du schmeisst dich geradewegs wieder tief in die Misere rein!» Das hätte Laura ihm damals wohl am liebsten ins Gesicht geschrien. Sie tat es aber nicht. Sie hatte sich schweigend zu ihm gesetzt und alles Unausgesprochene im Raum stehen gelassen, ohne es zu hinterfragen. Im Nachhinein betrachtet war dies der Schlüssel zu Finns Emotionen. Still sassen sie da, bis endlich auch bei ihm die Tränen fliessen konnten. Es hatte keine Worte gebraucht, nur eine kurze Umarmung von Laura. Sie kannte ihren Bruder gut genug, sie wusste, dass Vorwürfe kontraproduktiv wären. Ohne Worte, aber mit klarer Haltung räumte sie den Alkohol weg und spülte alles ins Klo hinunter.

«Wie geht es jetzt weiter?», fragte Laura. Finn wusste klar, dass er keine therapeutischen Gespräche führen wollte. Er brauchte etwas anderes. Finn war früher in der Natur am glücklichsten gewesen, egal ob kletternd oder joggend bei seinem Fitness- und Ausdauertraining. Mit seinem ehemaligen Therapeuten hatte er damals verschiedene Angebote besprochen, die ausserhalb einer Gesprächstherapie in Frage kämen. Finn erinnert sich an einen Coach, der Personen in Krisen begleitet und dies im Kontext der Natur. «Jetzt bin ich zweimal abgestürzt und um ein Haar ein drittes Mal. Es ist genug!», meint er zu Laura. «Wenn du es schaffst, dann kann ich das auch. Ich werde den richtigen Weg dafür schon finden. Ich rufe morgen diesen Coach an und erkundige mich, ob er Platz hat in seinem Auszeitprogramm.» «Das finde ich eine schöne Idee», hatte Laura erwidert. «Ich bleibe über Nacht bei Dir, und morgen erledigen wir dies gemeinsam.»

Finns Auszeit war bereichernd. Der Aufenthalt in der Natur gab ihm den Boden unter den Füssen zurück. Finn gelang es, mit dem Coach an seiner Seite und der Kraft der natürlichen Elemente wieder zur Ruhe zu kommen, seinen Körper zu regenerieren und Selbsterkenntnis zu gewinnen. Rituale mit Feuer, Wind, Wasser und Erde halfen ihm, mit wenigen Worten seine Emotionen zu begreifen, zu ordnen und zu transformieren. Am meisten gefiel ihm das morgendliche Ritual, an einer Felswand zu stehen und diese in Gedanken kletternd zu begehen und alle Sinne dafür zu öffnen. Das, was früher als Vorbereitung diente, wurde zu seinem mentalen und seelischen Fitnessprogramm.

Eine wichtige Erkenntnis war, dass er nach seinem Time Out unbedingt eine sinnvolle Tagesstruktur braucht. Ein Job regelt die finanziellen Sorgen, andere tägliche Abläufe geben Halt und Struktur. Ausserdem wurde Finn klar, dass Klettern in irgendeiner Form Teil seines Lebens bleiben musste. So sehr fühlt er sich mit diesem Sport verbunden. Dass er den Job im Boulderpark bekommen hat, ist daher nicht nur ein Glückstreffer, sondern unterstützt ihn in seinem alltäglichen Rhythmus. Das gedankliche Kletterprogramm hat er beibehalten, und er variiert seine Routen nach Lust und Laune.

6 Leben, um sterben zu können

6.1 Warum leben wir

Selbst ein grosser Denker wie Lew Nikolajewitsch Tolstoi knabberte viele Jahre erfolglos an dieser Frage. In seiner Schrift «Meine Beichte» erläutert er gnadenlos, wie komplex seine Suche nach den Antworten auf folgende Fragen war: «Warum leben wir? Warum soll ich leben? Warum soll ich etwas tun?» Er suchte in der (Geistes-)Wissenschaft nach Erklärungen und fand vielfältige Antworten. Von *Wachstum und Vervollkommnung* über die *Vereinigung von Molekülen* bis hin zu *Wir sind alles und nichts* unterscheiden sich die Ansätze seiner Überzeugungen, nach denen er lebte. Schliesslich kam der Punkt, an dem er das Leben als Übel definierte, von dem man sich durch Selbsttötung befreien könne.

Mir sträubten sich die Haare beim Lesen seiner Schrift. Seine Suche nach einer Antwort schien mir durchaus nachvollziehbar, doch seine Bilanz erschreckte mich. Wie kann ein grosser

Denker zu einem solchen Ergebnis kommen? Zugegeben: Das, was mich bewegte, ist die harte Andersartigkeit seines Lebenskonzeptes im Unterschied zu meinem. Jeder darf seiner Lebensphilosophie folgen, ich muss aber zugeben, dass die Betrachtung des Lebens als «Übel, von dem man sich durch Selbsttötung befreien kann», mich traurig stimmt. Ich anerkenne, dass es Lebensphasen geben kann, die sich so oder ähnlich anfühlen mögen. Ist die Selbsttötung aber tatsächlich die Lösung? Dieses Thema nehme ich in einem anderen Kapitel nochmals auf. Zurück zu Tolstoi. Da seine vermeintliche Lösung noch nicht das Ende des Buches bedeutete, hoffte ich beim Weiterlesen auf eine Wendung. Und ja, in späteren Jahren schien Tolstoi seine Ansicht zu diesem Thema zu ändern. Er gestand sich ein, dass er das Leben als endlich betrachtete, also vom Zeitpunkt der Geburt bis zum Endpunkt des Todes. Da gab es nichts, was darüber hinaus folgen könnte, keine Form des Weiterlebens in einer spirituellen Dimension. Da er sich in jungen Jahren von seinem Glauben abwandte, liess er sich fortan nur noch durch seinen Verstand leiten. In seiner rein intellektuellen Betrachtung fand er trotz intensivem Studium und Gesprächen mit vielen Gelehrten keine zufriedenstellenden (nur der Vernunft zu Grunde liegenden) Antworten. Er schlussfolgerte, dass man nach der Beziehung des Endlichen zum Unendlichen fragen muss. Widerstrebend nahm er seine Betrachtungen aus der Perspektive des Glaubens wieder auf. Es folgten einige Jahre religiöser Studien und Praktiken, die ihm Antworten lieferten, wenn auch nicht abschliessende. «Ich erkannte..., dass in den Antworten, die der

Glaube gibt, eine tiefe menschliche Weisheit liegt, dass ich, im Vertrauen auf die Vernunft nicht das Recht besass, diese Antworten zu leugnen, und dass diese Hauptantworten die einzigen waren, welche auf die Lebensfrage antworteten.»[20] Des Weiteren sagte er sich: «Jede Glaubenslehre besteht darin, dass sie die Bedeutung vom Leben entwirft, die vom Tod nicht zerstört wird. Es ist natürlich, dass die Antwort auf die Frage «Weshalb lebe ich und was ist die Folge meines Lebens?» eines im Reichtum sterbenden Königs oder eines alten, in harter, rastloser Arbeit niedergeschmetterten Leibeigenen, eines unwissenden Kindes, eines greisen Gelehrten, einer halb des Verstandes beraubten Alten, einer jungen glücklichen Frau, eines sich den Leidenschaften hingebenden Jünglings, kurz aller Leute von verschiedener Lebensstellung und Erziehung – es ist natürlich, dass diese Antwort trotz ihrer Einheitlichkeit als Satz in ihren einzelnen Aussagen unendlich verschieden sein muss.»[21] Die Frage nach dem Lebensgrund und Lebenssinn kann folglich eine einheitliche Antwort liefern (der Entwurf über die Bedeutung des Lebens, die vom Tod nicht zerstört wird), in der Auswirkung auf unsere ungleichen Leben (Herkunft, Erziehung, Prägung, individuelle Erfahrungen, Lebensumstände) aber sehr unterschiedlich sein muss.

Ein Fazit, das ich mit Überzeugung teile, ist, dass eine begrenzte Betrachtung des Lebens als Ausschnitt von Geburt bis

---

[20] Leo Tolstoi, Meine Beichte, S. 86, 2012,2021, Anaconda Verlag
[21] Leo Tolstoi, Meine Beichte, S. 109/110, 2012, 2021, Anaconda Verlag

Tod für Antworten nicht ausreicht – der Blickwinkel ist ungenügend oder eingeschränkt. Tolstoi erkannte, dass wir über den Tod hinausdenken können und der Glaube Antwort bieten kann. Der Tod und was darüber hinaus sein könnte oder warum wir geboren werden, sind wichtige Fragen, die nebst dem Warum auch Hinweise auf die Qualität unserer Lebensweise bieten können. Einige Übergänge, wie wir sie als kleinere oder grössere Sterbensprozesse nun kennengelernt haben, beleuchten mögliche Stationen in unserem Leben, die wir (bewusst oder unbewusst) mit Antworten auf unsere Lebensfragen füllen. Die letzte Station, das Lebensende, wird irgendwann eintreffen und ist der letzte grosse irdische Sterbensakt. Das Akzeptieren des Endpunktes wird vom individuellen Lebenskonzept geformt und beeinflusst und prägt uns weit im Voraus durch unser Leben hindurch. Wir könnten uns folglich fragen, ob wir leben, um Sterben zu können. Betrachten wir das Leben so, als könnten wir ein Ziel erreichen, wie würde dieses dann aussehen? Schlussendlich geht es um die Frage, wie das persönliche Lebenskonzept konkret aussieht. Ist es geprägt von einem Glauben? Woran? An Gott, Allah, Jesus, Mohammed, Buddha? Im Glauben kann ein tief religiöses Verständnis liegen, das als Lebensleitlinie dient. Glauben kann aber auch im nicht religiösen Sinn verstanden werden. Vielleicht gelten die Naturgesetze als Leitfaden. Oder wir werden von einem göttlichen Universum geführt, mit dem wir eins sind. Die Palette der möglichen Lebensantworten widerspiegelt die Realität unserer unterschiedlichen Lebenswelten. Das bewusste Betrachten seines eigenen Lebensmottos lohnt sich. Was denke ich? Was glaube ich? Was leitet mich? Wem oder was vertraue ich? Diese gedanklichen Aufschlüsse definieren die Leitplanken unseres Lebens. Richtig ist, was für jeden persönlich stimmt, und wo jeder für sich Frieden und (Selbst-) Vertrauen in seinem Lebenskonzept findet, ohne andere von seinem Glauben überzeugen zu müssen.

Der Gedanke des Wachstums als Antwort auf die Frage, warum wir leben, gefällt mir gut. Leben heisst, erleben, erfahren, bewusst leben. Es bedeutet, Erfahrungen zu machen, die uns lehren. Wir lernen und können uns weiterentwickeln. Wir haben die Wahl und die Freiheit, das Leben aktiv und bewusst zu beeinflussen und gestalten (vgl. Loslassen Kapitel 5). Die Frage des Lebens kann nicht nur intellektuell im Geist erkundet werden, sie darf in allen Facetten wie Glück, Gesundheit und Zufriedenheit erfahren werden, aber auch in Krankheit und Leid. Dadurch erfahren wir uns ganzheitlich. Wir können im Tun und Erleben und im Kontext zum Tod Klarheit auf die schwierigen Fragen des Lebens finden, die gleichzeitig unser Leben mitprägen.

Den Tod nicht als finalen Zeitpunkt und als End-Gültigkeit zu betrachten, sondern vielmehr als eine Verwandlung, als eine Transformation oder den Übergang in den Himmel, das Universum oder was auch immer, nimmt den Schrecken der Endgültigkeit. Wir leben ein Leben mit Wachstumschancen. Durch unsere Wahlfreiheit haben wir uns für den einen oder anderen Weg im Leben entschieden und sind daran gewachsen. Ignorieren wir eine Lernsituationen im Leben, wiederholt sie sich in der einen oder anderen Form. Das Leben stellt uns vor Herausforderungen und bietet uns damit Wachstumschancen. Welchen Sinn würden diese Erfahrungen mit sich bringen, wenn am Ende des Lebens der Tod als absoluter Schlusspunkt steht? Nach meinem Lebenskonzept muss es weitergehen, und die im Leben gemachten Erfahrungen werden den tieferen, wahren Sinn dort zur Vollendung bringen.

In bestimmten Kulturen wird bei oder nach einer Bestattung freudig gefeiert, wie zum Beispiel in der Gegend von New Orleans. Zu einer typischen Jazz-Beerdigung gehört ein Trauerzug, der sich vom Haus des Verstorbenen, dem Bestattungsinstitut oder der Kirche zum Friedhof bewegt und von einer Brassband begleitet wird. Während der gesamten Prozession spielt die Band düstere Klagelieder und Choräle. Der Ton der Zeremonie ändert sich, wenn der Tote beerdigt wurde und die Angehörigen sich zum letzten Mal vom Toten verabschiedet haben. Danach wird die Musik fröhlicher. Die Festgemeinschaft feiert das Leben des Verstorbenen. Sie tanzen und singen, schwenken Sonnenschirme und Taschentücher in der Luft. Was macht den Unterschied zum Verlust aus? Die Menschen trauern bestimmt genauso um den Tod eines Menschen. Vielleicht können sie sich aber gleichzeitig für den Verstorbenen freuen, weil in ihrem Glauben nach dem Tod etwas Freudvolles auf ihn warten wird. Insofern spielen der Glaube und die Lebensphilosophie eine wesentliche Rolle im Umgang mit Verlust und Abschied, aber auch mit dem Leben.

Nach dem Tod bleibt unser Körper zurück. Das, was diese Hülle beseelt hat, was unser Leben und die Lebendigkeit der Hülle ausgemacht hat, ist weg. Für mich persönlich ist sie jedoch nicht tot, sie ist in eine andere Daseinsform übergegangen. Die Vorstellung, dass es nach dem Tod irgendwie weitergeht (im Himmel, Universum oder im Nirvana ...) kann Hoffnung und zugleich Entlastung schenken. Die Perspektive ändert sich somit stark, wenn das Leben nicht nur als Ausschnitt von Geburt bis Tod betrachtet wird, sondern darüber hinaus. Die Aussicht birgt Überraschungen, die das Vertrauen ins Leben begünstigen.

«Wir leben nicht, um zu glauben, sondern um zu lernen.»

«Wenn du verlierst, verliere nie die Lektion!»

Dalai Lamai[22]

---

[22] https://www.geo.de/geolino/mensch/19302-rtkl-weisheiten-zitate-des-dalai-lama-die-inspirieren?dicbo=v2-BAUwVpo

6.2 Leben und Sterben

6.2.1 Würde und Alter

Jeder endgültige Abschied von einem geliebten Menschen ist eine intensive Trauer. Die Umstände des Todes sowie das Alter des Verstorbenen beeinflussen den Abschiedsmoment. Natürlich wird unsere Betroffenheit nicht nur vom Alter beeinflusst. Die Intensität der Beziehung, die wir zur verstorbenen Person hatten, wird sich in der Trauer ausdrücken. Meistens scheint es leichter, den Tod eines alten Menschen hinzunehmen, weil es der Lauf der Dinge ist. Der Verlust schmerzt, der Trost über ein langes gelebtes Leben mag den Kummer ausgleichen. Menschen werden alt und sterben irgendwann. Dieser Tod kommt nicht plötzlich, er ist altersbedingt erwartbar und erfolgt oft in kleinen vorhergehenden Abschieden, weil abbauende Lebenskräfte das Dasein prägen. Gesundheitliche Beschwerden und schwindende Kraft schränken die Betroffenen zunehmend ein, ihren gewohnten Lebensalltag zu meistern. Die Autonomie schleichend zu verlieren, die Kontrolle über den Körper zu verlieren und von Hilfe abhängig zu werden, kann Schamgefühle hervorrufen. Wir erinnern uns, dass wir Scham unbedingt vermeiden wollen. Es kann zum Rückzug kommen, zur Wut oder konstanter Ablehnung von Hilfsangeboten. Wusste diese Generation noch die Kriegsjahre zu überleben, erinnern sie sich heute daran, wie sie mit wenig (auch mit eingeschränkter Mobilität und Funktionalität) leben können. Verweigerung kann ein Signal dafür sein, dass um Selbstautonomie und letztlich um den Erhalt der eigenen Würde gekämpft wird. Peter Bieri schreibt dazu, dass Hilfsbedürftigkeit an sich keine Würdelosigkeit generiert. Um etwas zu bitten sei der Ausdruck eines Wunsches, in der eine andere Person aufgefordert wird, bei der Erfüllung dieses Wunsches zu helfen. Dies wiederum ist an eine Einsicht und Eingeständnis gekoppelt, dass man in der Sache keine Selbständigkeit (mehr) besitzt.[23] Zudem wird das Älterwerden in unserer Gesellschaft oft negativ bewertet. Das Altern hat eher den Anschein von Verfall anstelle von Weisheit, während es in anderen Kulturen respektvoller interpretiert wird.

Der Prozess des Alterns stellt Betroffene wie Angehörige manchmal vor grosse Herausforderungen. Für manche Angehörige ist es nicht leicht, so viel Unterstützung zu bieten, wie es gerade nötig und willkommen scheint. Unerwünschte Hilfsangebote enden oft in Frustration und können ein Gefühl von Ohnmacht hinterlassen. Vielleicht gibt es Angehörige, die nicht helfen wollen oder können, aus beruflichen oder persönlichen Gründen oder wiederum aus Scham, den leisen Zerfall miterleben zu müssen und sich darin hilflos zu fühlen. Die Zeit, in der wir das Kind unserer Eltern waren, die als

---

[23] Bieri Peter, Eine Art zu leben, Über die Vielfalt menschlicher Würde, S. 55, Fischer Taschenbuch

Leitpersonen unser Leben prägten, zieht schleichend an uns vorbei. Der Verlust der eigenen Vergangenheit zeigt sich schmerzlich in der Gebrechlichkeit der Eltern. Das Blatt hat sich gewendet, nun sind es die Kinder, welche zu Leit- und Hilfspersonen werden. Das ist für beide Seiten keine leichte Situation.

Den Spagat zwischen dem Zulassen der Autonomie und dem gesundheitlichen Abbau gilt es respektvoll auszuhalten, auch wenn dies eine Herausforderung darstellt und sich quälende Fragen aufdrängen: «Wie können wir eine Unterversorgung oder gar Verwahrlosung verhindern? Wieviel Gefahrenpotential (Sturzgefahr, Mangelernährung usw.) besteht und wo bis zu welchem Punkt sehen wir dieser Situation tatenlos zu?». Es ist empfehlenswert, den Willen der mündigen Persönlichkeiten anzuerkennen und ihre Autonomie zu respektieren, und dabei leise bereitzustehen, um sie zu begleiten. Ihnen die Würde bestmöglich zu lassen, auch wenn sie nicht mehr die gleiche ist wie zur Zeit ihrer vollkommenen Selbständigkeit. Wir können unsere Eltern nicht vor allen Gefahren des Lebens und vor allem des Alterns schützen, so wie sie uns auch nicht vor jedem Sturz hüten konnten. Niemand will freiwillig seine Eltern bevormunden, über ihren Kopf hinweg Entscheidungen treffen. Und doch kann es dazu kommen. Vor allem dann, wenn sich das grosse Vergessen in Form von Demenz oder gar Alzheimer einschleicht. Vielleicht kommt es zu einer gravierenden Verschlechterung der Gesundheit, so dass pflegerische Hilfe unumgänglich wird. Zu Beginn mögen ambulante Hilfen wie Spitex, Mahlzeitendienst oder ähnliches ausreichen. Doch die Pflege zu Hause wird zunehmend anspruchsvoller, ein plötzlicher Spitalaufenthalt nach einem Sturz oder einer Krankheit verhindert die Rückkehr in die gewohnte Umgebung. Dann werden rasche Entscheidungen gefordert, die weder für die Betroffenen noch für die Angehörigen leicht sind, vor allem, wenn im Vorfeld nie darüber gesprochen worden ist. Sich in fremde Dauerpflege geben zu müssen, wählt selten jemand freiwillig mit frohem Herzen. Die Umstände fordern einem das Eingeständnis ab, dass ein autonomes Leben in der vorher gewohnten Lebensart nicht mehr gewährleistet ist. Die neue Situation kann auch schön sein, dazu muss aber zuerst eine innere Einstellung gefunden werden (s. Kapitel 5 Trauerprozesse).

Viele Angehörige haben solche oder ähnliche Prozesse mit ihren Eltern erlebt. Es ist ein stetes Abschiednehmen mit allen Aspekten, die zur Trauer gehören, geprägt von Traurigkeit, Wut, Hilflosigkeit und Ablehnung bis hin zur Akzeptanz. Ein normaler, aber auch anspruchsvoller Prozess für alle Beteiligten und Betroffenen. Endet dieser mit dem Hinscheiden der Eltern bzw. eines Elternteils, kann dies meistens akzeptiert werden, weil das Alter und die damit verbundenen gesundheitlichen Veränderungen einen solchen Tod zu rechtfertigen scheinen und es bestenfalls auch als Erlösung betrachtet werden kann.

Wir dürfen nicht vergessen, dass wir selbst uns im hohen Alter (je nach Gesundheit vielleicht auch früher) in ähnlichen

Situationen wiederfinden können. Wie möchten wir selbst dann behandelt werden?

6.2.2 Früher Tod und Lebensfragen

Der Tod von jungen Menschen berührt uns besonders. Ohne den Tod in eine Waagschale zu werfen, liege ich wohl nicht falsch mit der Aussage, dass ein früher Tod uns stärker aufwühlt. Ein Verlust ist und bleibt schmerzhaft, und hier soll nicht gewertet oder verglichen werden. Wir wissen alle, dass es weder für die Gesundheit noch für ein reich erfülltes Leben eine Garantie gibt. Und doch fordert uns der Tod von jungen Menschen oder gar von Kindern mehr – die Idealvorstellung von einem langen Leben zerbricht in tausend Tränen. Sie konfrontiert uns bodenlosen mit der Endlichkeit. Wir stehen im Widerspruch zur Annahme, dass der normale Lebensverlauf ein hohes Alter zum Ziel hat. Es soll und darf nicht sein, dass Kinder vor ihren Eltern das Erdenleben verlassen. Und doch zwingt uns die Realität manchmal in einen anderen als den erhofften Lebenskontext. Es mag sein, dass genau dies uns zu den Fragen nach Sinn und Unsinn des Lebens führt. Manchmal müssen die Warum-Fragen gestellt werden, um es aushalten und einordnen zu können. Sie generieren in der Regel aber keine kurzen Antworten, es braucht eine Auseinandersetzung damit, die als Teil der Trauer zu verstehen ist. Mit den Worten von Ludwig Burgdörfer: «Das WARUM ist ein unveräusserliches Trauer-Menschenrecht!»[24]

Eine Familie, die ihren Sohn vor Jahren durch den plötzlichen Kindstod verloren hat, fragte ich, ob sie Antworten zu diesem Verlust gefunden hätten und wenn ja welche. Ich bekam folgende Rückmeldung:

«Wir haben keine Antwort gefunden, weil wir keine gesucht haben. Die Einstellung, nicht nach Antworten zu suchen, auf die es keine gibt, begleitet uns durchs Leben. Akzeptiere es und mach das Beste draus. Fragen wie «Warum passiert das mir?» oder «Warum eins unserer Kinder?» haben wir uns nie ernsthaft gestellt. Dass wir keine Warum- und Wieso-Fragen gestellt haben, ist vielleicht der Grund, dass wir so gut mit dem Tod unseres Sohnes zurechtkommen. Logisch gibt es Tage, an denen es schwerer auszuhalten ist. Es wird mit den Jahren einfacher. Warum- und wieso-Fragen zerren an den Nerven und gehen an die Substanz. Also ist es das Vernünftigste, diese erst gar nicht zuzulassen.»

Eine andere Geschichte erfuhr ich von einer damals alleinerziehenden Mutter, die ihren 23-jährigen Sohn aufgrund eines ungeklärten Unfalles verlor. Eine Tragödie, die mehrere traurige Nebenschauplätze hat: Es handelte sich um ein mysteriöses tödliches Unglück auf den Bahngeleisen, das anfänglich als Selbstmord eingestuft und später zum AGT

---

[24] Ludwig Burgdörfer, Mein Beileid, Dasein und Anteil nehmen, S. 100/101, 2022, Gütersloher Verlagshaus

(aussergewöhnlicher Todesfall) erklärt wurde. Fehlende Zeugen und mangelnde Antworten von der Justiz liessen das Ungeklärte wie ein Vakuum zurück.

«Natürlich fragt man sich, warum ist das unserem Sohn passiert? Er, der immer für alle anderen geschaut hat, der immer überall hilfsbereit gewesen ist. Warum lassen ihn genau die Kollegen, um die er sich immer gekümmert hatte, in dieser Unfallnacht allein? Oder wieviel davon haben sie gar verschuldet? Fragen, auf die man nie eine Antwort finden wird. Tragisch ist, dass wir auch auf Fragen, die in unseren Augen hätten geklärt werden können und müssen, keine Antwort bekamen. Alle durften schweigen, und die Staatsanwaltschaft beschloss, dass sich eine Ermittlung nicht lohne. Wir hatten überall insistiert und Nachforschungen betrieben und mussten schlussendlich hinnehmen, dass das nicht Weiterermitteln im Ermessen der Staatsanwaltschaft liege und rechtens sei.

Und die Kollegen gehen am nächsten Wochenende schon wieder feiern.

Wenn man in so eine Situation kommt, hat man eigentlich kaum Zeit für Fragen und die eigene Trauer. Denn da war ja noch meine um drei Jahre jüngere Tochter. Da musste ich einfach nur Halt geben. Wir haben nächtelang zusammengesessen und ich habe sie gehalten. So konnte auch ich mich mal anlehnen, habe ihr aber die Stütze gegeben, die sie brauchte in ihrem jungen Leben. Wir waren gegenseitig füreinander da. Der Kampf mit der Polizei und der Staatsanwaltschaft fühlte sich an, als würden wir gegen eine Wand rennen. Das Ganze führte dazu, dass wir eng zusammenstehen mussten.

Aber bald tauchte natürlich die Frage auf: Warum trifft es immer die Guten, jene mit dem offenen Herzen? Warum trifft es die Falschen? Diese Frage hatte ich mir allerdings schon beim Tod meines Vaters gestellt. Er verstarb 1983 elendiglich an ALS (Amyotropher Lateralsklerose). Ausgerechnet er, der eigentlich so viel mehr Verständnis hatte für Menschen als meine hartherzige, kalte Mutter. Natürlich war Vaters Krankheit eine Belastung, die sie in Alkohol- und Medikamentenmissbrauch trieb; sie gab dem Vater die Schuld dafür und schaffte es oft, Zwietracht in die Familie zu säen.

Man kann nur verarbeiten, indem man den Tatsachen ins Auge schaut.

Ich hatte damals alles für die Trauerfeier von meinem Sohn organisiert und auch den Lebenslauf geschrieben und vorgetragen. Ich habe alles so besser durchgestanden.

Die Situation machte offenbar viele Menschen betroffen, und wir erlebten eine grosse Anteilnahme. Über 600 Menschen hatten an der Trauerfeier teilgenommen: Kollegen aus dem Militär, der Arbeit und der Feuerwehr. Es war überwältigend, machte es aber nicht leichter.

Im Moment ist man einfach beschäftigt. Ich habe mein Leben weitergelebt, meine Arbeit gemacht, bin fast nie in ein Loch gefallen. Und doch überwältigt mich die Trauer immer wieder. Es ist wie eine Welle, ich muss einfach tief Atem holen und durchtauchen.

In Erinnerungen schwelgen hilft mir sehr. Ich fuhr jeden Tag auf den Friedhof und zündete Kerzen an. Hier oben in den Bergen, wo wir jetzt leben, habe ich auch ein Grab für ihn. Das pflege ich immer, es ist eine Gedenkstätte und hilft, viele schöne Erinnerungen zu bewahren. Zudem ehre ich meinen Sohn, indem ich mein Alaskan Malamuten-Team nach ihm benenne, ein Hundehobby, das wir gemeinsam teilten. Und heute sind unsere Autos ebenfalls so angeschrieben. Eine Verwandte hatte damals ein Bild von unserem Sohn mit unserem damaligen Hund als Linolcut angefertigt. Wir haben dieses Bild als Erinnerung an viele Freunde und Bekannte verschenkt. Und im Militär, wo man ihn immer gernhatte, durften wir auf dem Waffenplatz einen Baum pflanzen. Diese ehrenden Andenken tun mir gut.

Leider begegneten mir viele Menschen in dieser Zeit sehr empathielos. Vielleicht fühlten sie sich hilflos (wie ich), und dies prallte als Folge auf mich ein. Jedenfalls fiel es mir schwer, mit dieser empfundenen Empathielosigkeit umzugehen. Da taucht bis heute immer wieder die Frage auf: Warum und was nehmen sich die Menschen heraus, so zu reagieren? Ist es ein Zahn unserer Zeit? Es kann nicht nur die Unsicherheit im Umgang mit Tod und Trauer gewisser Menschen sein. Natürlich ist man viel sensibler durch den unsinnigen Tod eines Kindes. Aber das entschuldigt Empathielosigkeit nicht.

Die Frage nach dem Sinn des Lebens ist für mich einfach: so viel Liebe wie möglich zu geben! Und eines Tages merkte ich auch, wie ich das machen kann, ohne ausgenützt zu werden. Ich habe gelernt, zu unterscheiden, welche Freunde ich an mich ranlasse und von welchen ich mich distanziere.

Mit dem Alter werde ich leiser, aber man darf nie verlernen, «Stop» zu sagen. So gehe ich jetzt mit allem um. Und in Gedanken spreche *ich sehr oft mit meinem Sohn, so, wie wir früher über eigentlich alles reden konnten.»*

Eine Krankheit oder ein plötzlicher (Unfall-)Tod beweist, wie fragil unser Leben ist. Trauer darf mit und ohne Warum-Fragen ihren Platz haben. Es zeigt eine gesunde Vielfalt im subjektiven Umgang mit dem Tod. Die Umstände eines Todes sind nicht nur massgebend in Bezug auf die Trauerbewältigung. Sie können vielschichtige Fragen aufwerfen, die weit über das «Warum» hinausführen. Sie knüpfen an vergangene Erfahrungen an und triggern womöglich alte Themen. Oder sie werfen von Grund auf neue Fragen auf.

Selbstbestimmung

Die Selbstbestimmung über Leben und Tod sind Umstände, die uns vor besondere Herausforderungen stellen. Haben wir das Recht, über den Zeitpunkt unseres Lebensendes zu entscheiden? Wie schon mehrfach geschrieben, haben wir Menschen einen freien Willen. Und wenn der Wille dazu führt, dass jemand sein Leben beenden möchte, dann finde ich, muss dies jeder mit sich (und bestenfalls mit seinem Umfeld) ausmachen und selbst entscheiden. Die Frage ist vielmehr, wie frei dieser Wille ist. Ein glücklicher Mensch wird sich kaum das Leben nehmen. Es sind Umstände, die ausweglos scheinen, die Menschen in ihrer Not drängen, dem Leben ein Ende zu setzen. Es liegt mir fern, hier über richtig und falsch zu urteilen. Im Kontext der Trauer für die Hinterbliebenen sehe ich jedoch eine besondere Herausforderung. Sie können sich nach einem Suizid verraten, enttäuscht oder zurückgewiesen fühlen. Die gesamte Beziehung zur Person wird in Frage gestellt und begleitet die Trauer. «Habe ich ein Zeichen übersehen? Warum hast du nicht mit mir geredet? Hast du mir nicht vertraut? War ich dir kein guter Freund?» Für Eltern kann unter Umständen eine zentrale Frage lauten: «Was haben wir in der Erziehung falsch gemacht, dass unser Kind nicht glücklich werden konnte?» Dieses Hinterfragen kann bis in die Kindheit, bis zur Geburt zurückführen. «Wo und wann geschah das, was unser Kind zu diesem Ausweg zwang?» Scham begleitet ein Gefühl des Ungenügens. Treffen diese unbeantworteten Fragen noch auf die Tabuisierung eines Suizids, bleibt vermeintlich nur noch der Rückzug, was ein gesundes Trauern massiv erschwert.[25]

Ewiges Leben

Im krassen Gegensatz zu den Erfahrungen eines frühen Todes steht die Sehnsucht nach ewigem Leben. Beschwerliche Lebensumstände, wenn zum Beispiel der Alltag unter körperlichen Schmerzen bewältigt werden muss oder eine psychische Erkrankung den Lichtblick des Lebens verdunkelt, sind ebenso Herausforderungen, die das Leben stellt. Mag sein, dass dies für den einen oder anderen eine unerwünschte

---

[25] Reinhard Lindner, Barbara Schneider, Leidfaden, Heft 3/2022 – Artikel: Schuld und Scham nach Suizid, S.52-54, Vandenhoeck & Ruprecht

Voraussetzung ist, um 80 Jahre alt zu werden. Trotzdem ist der Wunsch nach einem langen und gesunden Leben gerechtfertigt. Doch wollen wir ewig leben? Der kyronische Prozess des Einfrierens macht es möglich! Die Hoffnung, dass die Wissenschaft irgendwann ein Rezept für Wiederbelebung finden wird, lässt einzelne von einem unendlichen Leben träumen. Ist das ein Ausweg, wenn man keine Antworten auf den Tod findet und diesen vor allem nicht akzeptieren kann? Ich mag nicht darüber nachdenken, was es bedeuten würde, Tote durch die menschliche Wissenschaft wieder zum Leben erwecken zu können und damit einen Kreislauf von ewigem Leben zu garantieren. Die Natur lebt den Kreislauf des Werdens und Vergehens vor, ich kenne keine Pflanze, keinen Baum, der ewig lebt, ohne die Transformationsprozesse des Verwelkens oder Entlaubens durchzumachen.

Ewiges Leben gibt es nur zusammen mit einer anderen Daseinsform, davon bin ich davon überzeugt.

Leiden

Leiden gehört zur Natur unseres Daseins. Wenn Schmerz und Leid unser Leben erfassen, tauchen sinnsuchende Fragen auf. «Warum ich? Warum lässt Gott das zu? Will er mich damit bestrafen? Warum müssen wir leiden? Warum lässt eine göttliche Kraft Leid zu? Warum müssen Menschen früh sterben?» Absolute Antworten auf diese Fragen wird es nie geben. Es gibt sie nur in der persönlichen Auseinandersetzung mit Leben, Krankheit und Tod und dem, was darüber hinaus sein könnte. Vielleicht werden wir fündig, vielleicht erahnen wir die Antworten nur. Vielleicht offenbart sich das, was jenseits von uns ist, leichter im Schmerz und in der Trauer als in der Freude. Und vielleicht gelingt es uns, das Leben mit all seinen Herausforderungen mit tiefer Demut anzunehmen, die kein Warum braucht.

6.2.3 Leben und Sterben mit Haustieren

Haustiere begleiten viele Menschen über mehrere Jahre hinweg. Ein Hund im Durchschnitt 10-15 Jahre, ein Pferd 25-30 Jahre, und eine als Haustier gehaltene Schildkröte könnte gar ein lebenslanger Begleiter werden, da sie sehr alt werden und sogar ein Menschenleben überdauern kann. Wenn ein Tier stirbt, sind es nicht (nur) die miteinander verbrachten Lebensjahre, die ein Ende finden. Da sind Emotionen und Erinnerungen aus gemeinsam verbrachter Zeit. Die Art der Beziehung, die wir zum Tier – zum Beispiel bei einem Hund – pflegen, macht es praktisch zum Teil der Familie, es wird zum Familienmitglied. Ein hundeführender Zweibeiner widmet sich in der Regel mit hoher Präsenz der Beziehungs- und Erziehungsarbeit, den täglichen Aktivitäten und der Versorgung. Ist der Hund krank, umsorgen und pflegen wir ihn, wie wir es bei Kindern oder anderen Familienmitgliedern tun. Wird ein Hund ernsthaft krank, leiden wir und geben in der Regel unser Bestes, um unseren geliebten Vierbeiner wieder auf die Beine zu kriegen. Im Idealfall wird das Tier liebevoll begleitet bis hin zum Zeitpunkt, an dem sich das Sterben und damit auch der Tod aufdrängt. Lange, teils schmerzvolle Leidenswege gehen wir zusammen, bis wir spüren, dass die Umstände für das Tier nicht mehr lebenswert und ertragbar sind. Irgendwann in einer solchen Entwicklung muss oder darf der Mensch zusammen mit dem Tierarzt entscheiden, wann der richtige Zeitpunkt für eine Euthanasie gekommen ist. Dieser Entscheid über Leben und Tod ist eine grosse Herausforderung und wird nicht mit leichtem Gewissen gefällt. Es sind gesundheitliche und altersbedingte Gründe (etwas anderes darf es nicht sein), die zu diesem letzten Schritt führen. Aus eigener Erfahrung spüren wir, wann es der «richtige» Zeitpunkt für Vier- und Zweibeiner wird. *Richtig* ist in dem Fall nicht mit *leicht* gleichzusetzen, denn ein Abschied ist immer anspruchsvoll und traurig. Der Tod kann aber auch unverhofft eintreten, egal wie alt oder jung das Tier ist. Ganz besondere Herausforderungen sind Verluste, wenn der Tod früher eintritt als erwartet, wenn zum Beispiel ganz plötzlich eine Überraschung hinter der Hausecke lauert und der Tod sich ins Leben drängt. Ein Unfall mit tödlichen Folgen, eine unentdeckte Krankheit, die plötzlich zum Tod führt. Nicht selten lauert hier die Gefahr, sich dafür schuldig zu fühlen, weil eine Krankheit vermeintlich nicht rechtzeitig erkannt wurde. Es sind nachvollziehbare Gefühlsregungen, die dem Erkennen und Annehmen weichen dürfen, dass das Leben keine

Garantien bereitstellt und wir Menschen nicht Herr und Meister über Leben und Tod sind. Die Umstände, welche zum Tod des Tieres führen, beeinflussen wesentlich den nachfolgenden Abschieds- und Trauerprozess. Die Erlebnisse und die Gefühle gegenüber dem Tier, welche die Beziehung und den jahrelang gemeinsam verbrachten Alltag prägten, lassen den Verlustschmerz intensiv werden. Wir trauern um ein verstorbenes Familienmitglied, das im Alltag eine grosse Lücke hinterlässt. Manchmal trauern wir intensiver um unser Tier als um ein menschliches Familienmitglied. Das mag damit zu tun haben, dass wir dem Tier näherstanden, weil es über viele Jahre hinweg und rund um die Uhr mit uns in einer intensiven Gemeinsamkeit stand. Das ist mit menschlichen Verwandten nicht immer so, wenn sie zum Beispiel weit weg leben oder es wenig Bezug zu dieser Person gab. Der Verwandtschaftsgrad allein sagt nichts über die Qualität einer Beziehung aus.

Ob, wie und warum jemand trauert oder ob die Trauer gerechtfertigt ist, da es ja «nur» um ein Tier geht, darf nie die Frage sein. Eine Trauer von aussen zu bewerten oder mit anderen Verlusterfahrungen zu vergleichen, empfinde ich als unwürdig, da es mit Erwartungen und Vorstellungen verknüpft ist und jemandem übergestülpt werden. Das Erkennen und Anerkennen einer Trauer hilft den Betroffenen. Es hilft, an ihrer Seite zu stehen, gemeinsam zu schweigen oder zu reden und sich zu erinnern. Mitfühlend Anteil nehmen und den Trauernden ihren Raum zu lassen. Sind wir die trauernde Person selbst, welche hinterfragende Gedanken hat, wie «Hätte ich etwas besser machen können? Warum habe ich nicht schneller reagiert? War der Entscheid des Einschläferns nicht doch zu früh?», quält sich mit Selbstvorwürfen und Schuldgefühlen. Ein absolutes Richtig und Falsch gibt es im Leben nicht. Wir können und dürfen viel beeinflussen, schlussendlich bleibt es aber (je nach Lebensphilosophie) etwas Höherem vorenthalten, über Geburt und Tod zu entscheiden und das Warum zu kennen. Heute in der Rückschau betrachtet kann ich aus eigener Erfahrung sagen, dass ich aus solchen Verlusterfahrungen lernen konnte, auch wenn sie schmerzhaft waren.

Teil 2

Richtungs-weiser

7 Kleine und grosse Helfer

7.1 Vertrauen ins Leben

Als Abschluss vieler Weiterbildungen habe ich in den letzten Jahren einige Arbeiten geschrieben. Interessanterweise drehen sich viele um die Thematik Vertrauen, Festhalten, Loslassen und Wachsen. Dies jeweils aus unterschiedlicher Betrachtungsweise, zum Beispiel aus entwicklungspsychologischer und sozialpädagogischer Sicht. Später bezog ich bei der Betrachtung von Leben und Tod auch spirituelle und lebenskonzeptionelle Aspekte mit ein. Die Auseinandersetzung mit ihnen haben mich gestärkt.

Manchmal lohnt sich eine innere Betrachtung, verbunden mit der Frage, wie wir im Leben stehen. Sind wir von einem Urvertrauen gestärkt, das uns in irgendeiner Form Signale gibt, dass alles irgendwie schon gut kommt, egal welche Sorgen uns aktuell belasten? Oder schlägt das Pendel eher in eine Richtung, die von Missmut und Misstrauen ins Leben geprägt ist? Zugegeben, wenn wir von einer grossen Krise gefordert sind und uns gefühlt der Boden unter den Füssen weggezogen wird, ist es bestimmt nicht leicht, das Vertrauen ins Leben zu bewahren. Das Gefühl, das uns sagt, das Leben kann gemeistert werden, egal was kommen mag. Es geht weniger darum, von einer positiven Lebenseinstellung im Sinne von «Das Glas ist halbvoll oder halbleer» zu sprechen. Nein, ein Urvertrauen geht viel tiefer und hat mit unserer Entwicklung zu tun. Der berühmte Psychoanalytiker Erich H. Eriksen beschreibt in seinem Stufenmodell unserer psychosozialen Entwicklung acht Stufen, die wir durchleben. Die erste Entwicklungsstufe benennt er als Ur-Vertrauen im Gegensatz zum Ur-Misstrauen. Ich teile seine Meinung, dass diese Phase einen wichtigen "Eckstein einer gesunden Persönlichkeit" (S.63) in unserer Entwicklung legt: "Als erste Komponente der gesunden Persönlichkeit nenne ich das Gefühl eines Ur-Vertrauens, worunter ich eine auf die Erfahrungen des ersten Lebensjahres zurückgehende Einstellung zu sich selbst und zur Welt verstehen möchte. Mit "Vertrauen" meine ich das, was man im Allgemeinen als ein Gefühl des Sich-Verlassen-Dürfens kennt, und zwar in Bezug auf die Glaubwürdigkeit anderer wie die Zuverlässigkeit seiner selbst."[26] Eriksen spricht von einer Ur-Erfahrung, die weder als solche noch als später hinzutretende Komponenten bewusst ist, sondern als Erfahrung während der Kindheit entwickelt und im Jugendalter integriert wird. In einem gelungenen Prozess wird sie in einer Gesamtpersönlichkeit aufgehen, die von einem grundlegen Vertrauen in sich und

---

[26] Eriksen H. Erich, Identität und Lebenszyklus – drei Aufsätze, S. 62, Suhrkamp Verlag, 1998, 17. Auflage

die Lebensumwelt geprägt ist. Dieses tief verankerte Gefühl wird sich in jeder Lebenslage bemerkbar machen und uns stärkend leiten. Im Stufenmodell steht dem Ur-Vertrauen das Ur-Misstrauen gegenüber, das sich je nach Entwicklungsverlauf ebenfalls etablieren kann. Was es dafür braucht und wie es sich zeigt, soll hier nicht Thema sein. Vielmehr möchte ich darauf hinweisen, dass es eine Urkraft gibt, die wir als prägende Erfahrung aus unserer Entwicklung mitnehmen dürfen. Vielleicht ist dieses Vertrauen stark wie ein Stahlseil, vielleicht ähnelt es eher einer dünnen Schnur. Dennoch ist sie da, man kann sich an ihr verlässlich festhalten, auch wenn sie nicht immer deutlich wahrnehmbar ist. Dieses Gefühl des Vertrauens kann auch verschüttet werden, wenn viele Krisen gemeistert werden müssen. Verletzlich sein und dieses Gefühl zulassen ist erlaubt. Frustrationen und Enttäuschungen gehören dazu, und auch diese Emotionen sollen gelebt werden. Die Frage ist, ob wir darin haften bleiben. Wir können unsere Einstellung zum Leben wiederholt angleichen. Wir selbst definieren unseren inneren Lebenskompass.

Vielleicht können folgende Fragen dazu anregend sein:

Wem oder was vertraue ich?

Welche Leitgedanken, Anregungen und Leitbilder finde ich in meinem Lebenskonzept?

Was leitet mich?

Was glaube ich?

Was stärkt mich?

Wem vertraue ich?

Welche Menschen tun mir gut?

Was treibt mich an?

7.2 Trauer durchleben

Schmerzen kann uns niemand abnehmen. Wir sind selbst für den Umgang damit verantwortlich. In der Trauer wird der seelische Kummer (vorübergehend) zu einem Teil von uns. Er begleitet uns, egal, ob wir ihn annehmen wollen oder nicht. Jedes Weinen, jeder Wutausbruch, jedes Lächeln, jede Erinnerung und jedes Gespräch mögen den Kloss in uns aufweichen. Er verändert sich, indem wir die Trauer (durch-)leben. Verdrängen oder blockieren wir die Trauer, erleiden wir früher oder später Schiffbruch. Durch Ablehnen verstärken wir den Schmerz. Auch wenn er dadurch kurzfristig auf Distanz gehalten werden kann, werden die Gefühle den Weg zurückfinden, und dies bestimmt nicht in abgeschwächter Form. Manchmal braucht es aktives Handeln in der Aussenwelt. So zum Beispiel bei Mobbing, wenn die negativ agierenden Personen mit ihrem Handeln konfrontiert werden müssen und es gegebenenfalls Konsequenzen braucht (zum Beispiel Klassen- oder Schulhauswechsel der Mobber). Oder, wie im Falle der Geschehnisse des verunglückten jungen Erwachsenen (s. Kapitel 6 früher Tod), wenn Fragen zu den Umständen des Todes geklärt werden müssen. Das Agieren im Aussen ersetzt den eigenen Umgang mit der Trauer nicht. Trauerarbeit (ja, es kann sich wie «Arbeit» anfühlen) ist die Prävention zur Krankheit, sie ist gesundes Leben von Emotionen.

Sich dem Strudel hinzugeben kann eine Herausforderung sein, ähnlich wie beim Wellenreiter, der die perfekte Welle sucht. Weicht der Surfer vor einer Welle zurück, holt sie ihn ein und wirbelt Brett und Surfer herum. Der Surfer muss bewusst auf die Welle zuschwimmen, um den richtigen Moment zu erfassen, wann er sich in die Welle werfen muss, ohne sich von deren Kraft überwältigen zu lassen. Vom Board und der Wasserkraft getragen, gleitet er hindurch. Seine Knöchelleine verbindet ihn mit seinem tragenden Brett, denn wenn er es verliert, ist er den Wellen komplett ausgeliefert. Auch Trauernde dürfen mit einer Rettungsleine verbunden sein, die ein komplettes Verlorengehen verhindern kann. Was oder wer das ist, hängt von den individuellen Umständen jeden Einzelnen ab. Vielleicht wird man von einer (oder mehreren) Personen(en) getragen, vielleicht powert man sich im Sport aus oder betätigt sich kreativ. Niemand sagt, dass eine Trauer allein bewältigt werden muss. Wir dürfen um Hilfe bitten. Mit Freunden und der Familie reden, sich umarmen und trösten lassen. Manchmal kann es auch passender sein, mit jemand Aussenstehendem zu reden oder sich mit anderen Betroffenen in einer Trauergruppe auszutauschen. Wenn man intuitiv spürt, dass nicht Reden der goldene Trost bedeutet, sondern man vielleicht eher die Stille dafür braucht oder sich gar andere Wege eignen, dann ist es wichtig, nach diesem intuitiven Gefühl zu handeln (solange es sich nicht um komplette Verdrängung handelt). Für den Trauerweg gibt es kein Rezept. Wie das Mehl zum Brot gehört, definieren bestimmte Inhalte auch die Trauer. Schlussendlich sind wir die Bäcker unseres Wohlbefindens, jeder auf seinem persönlichen Weg.

Die durch die Trauer ver-rückte Welt wird wieder zurechtgerückt, so dass wir darin wieder leben können. Aus Chaos entsteht eine umgeordnete Welt, sie ist anders als vorher, aber neu geformt.

Leidvolle Situationen können sich wandeln. In Krisen wachsen wir, also schöpft man aus Leid auch Chancen und Stärken für das innere Wachsen. Wenn wir dies annehmen und durchleben können, üben wir zu trauern. Ich bin überzeugt, dass schwierige Lebenssituationen mit diesen Erfahrungen vertrauter und gestärkter bewältigt werden können.

7.3 Liebe und Selbstliebe

Als ehemalige Tai-Chi-Schülerin lernte ich, dass in unserem Köper ein Lebensfluss zirkuliert, den die Taoisten «Chi» nennen. Wenn wir uns selbst lieben, können wir vertrauen, und unsere innere (physische und psychische) Kraft kann fliessen. Dies strahlen wir aus und es wirkt auf uns zurück, ähnlich wie im Sprichwort «wie man in den Wald ruft, so tönt es zurück». Wenn das Ego an negativen Gefühlen und Erfahrungen festhält, blockiert es den Energiefluss und bleibt im Körper haften. Es verursacht Wut, Trauer und Schmerz, was wiederum Blockaden bildet und (physische und psychische) Leiden versursacht. Analog dieser Betrachtungsweise ist es nicht eine äussere (oder göttliche) Stärke, die uns leiden lässt, sondern wir sind es selbst, weil wir uns durch die festgehaltenen Gefühle blockieren. Das unbeabsichtigte Erstarren kann mit innerem Widerstand, mit Verweigerung und Ablehnung zu tun haben, oder mit festgehaltenen Überlebensenergien, wie ich sie im Kapitel 5 «Trauer und Trauma» beschreibe.

Um das Chi fliessen zu lassen, gibt es meditative Übungen aus den Bewegungskünsten des Tai-Chi oder Qi Gong. Die wesentliche Arbeit leistet jedoch die Herzensenergie, die Selbstliebe als heilende Kraft, die den Hauptfluss entstaut. Demzufolge trägt die (Selbst-)Liebe uns durch Höhen und Tiefen und kann heilsam sein. Dazu gehört auch, sich selbst zu verzeihen.

Wer Liebe als Zeichen der Verbundenheit erfährt, dem wird Mut und Stärke zugesprochen. Dies verdeutlichen die Hamar, eine äthiopische Bevölkerungsgruppe, in einem Ritual, das als Initiation der jungen Männer gilt. Mit einem erfolgreichen «Sprung über die Rinder» beweist ein nicht initiierter Mann, dass er heiratsfähig und erwachsen sowie bereit für das Zeugen von Nachwuchs ist. Ein Misserfolg (das Herunterfallen von den Rindern) verwehrt ihm die Akzeptanz als Stammeskrieger. Ein Bestandteil des Brauches ist, dass Mädchen durch die Junggesellen, die den Sprung erfolgreich absolviert haben, mit einem Baumzweig blutig gepeitscht werden. Dabei fordern die Frauen als Zeichen ihrer Verbundenheit und Zuneigung die Männer wiederholt zum Peitschenschlag auf.[27] Für unsere europäischen Augen mag dies sehr frag- und unwürdig erscheinen, in der Kultur der Hamar bedeutet es aber auch für die Frauen Status und dient als Zeichen der Stärke. Nach meinen zuerst schockierten Betrachtungen[28] habe ich meine Gefühle umgemünzt in: «Egal, was kommen mag, ich habe die Kraft, an deiner Seite zu gehen!"

Liebe kann trösten und heilen, und wenn wir dies auch im Zusammenhang mit Sterben und Tod erfahren dürfen, erleben wir meines Erachtens eine sehr kraftvolle Energie. Selbst die Sterbeforscherin Elisabet Kübler-Ross hielt in ihrer Autobiographie fest: »Die schwerste Lektion ist die bedingungslose Liebe. Der Tod ist nichts, was du fürchten müsstest. Er

---

[27] https://de.wikipedia.org/wiki/Hamar_(Volk)
[28] Dokumentarfilm «Morgan Freeman's Story of us"

kann zur schönsten Erfahrung deines Lebens werden. Alles hängt davon ab, wie du gelebt hast. Der Tod ist nur ein Übergang von diesem Leben zu einer anderen Existenz, in der es keinen Schmerz und keine Angst mehr gibt. Mit Liebe lässt sich alles ertragen.«[29]

---

[29] https://de.wikipedia.org/wiki/Elisabeth_Kübler-Ross

7.4 Reden und Schweigen

Wie geht es dir? Eine Frage, die Trauernde kaum oder schlecht beantworten können. Noch im Schock erstarrt oder im Chaos versunken, sind Gefühle schwierig zu benennen. Das Reden fällt schwer, vielleicht fehlt (noch) die Kraft, passende Worte zu finden. Die Stille des Rückzugs erlaubt das Wahrnehmen und Sortieren der inneren Welt. Damit wir als Trauernde nicht endlos im eigenen Gedankenkarussell verfangen bleiben, sind sporadische Inputs von der Aussenwelt wichtig und hilfreich, damit der Rückzugsort nicht zur verbarrikadierten Isolation wird. Andere Menschen in die eigene Welt der Trauer zu lassen, bedeutet nicht, dass wir fröhlich sein müssen (das dürfen wir, aber müssen nicht) oder dass zwingend über den Verlust gesprochen werden muss. Auch Wortlosigkeit darf geteilt werden. Im gemeinsamen Schweigen können wir uns verstehen, ohne nach Worten suchen zu müssen, und trotzdem liebevollen Beistand und Unterstützung erfahren.

Sorgen und Ängste mit Worten nach aussen zu tragen, über Schmerz und Verlust zu sprechen, ist ein Weg aus der Einsamkeit. Im Kontakt sein mit lieben Menschen, sich an vergangenen Erlebnissen erfreuen, sich mit Freunden gemeinsam erinnern. Schönes und Humorvolles darf an die Oberfläche kommen. Im Mit-teilen kann die Last auf mehrere Schultern verteilt werden. Die Schwere der Trauer wird kurzerhand auf andere übertragen, und es darf die Entlastung gefühlt werden, dass wir nicht allein sind. Dem Umfeld mag es dabei helfen, wahrzunehmen, wo der Trauernde steht und wie es ihm geht. Es kann helfen, Fragen zu vermeiden, die sowieso nicht beantwortet werden können.

Antworten und Kraft können auch im Zwiegespräch mit Gott, den Engeln oder dem Universum gefunden werden, sprich mit jener Kraft, welche die eigene Lebensphilosophie prägt. Vielleicht bevorzugt jemand den stillen Kontakt zur Natur, schöpft auf Spaziergängen, beim Wandern, beim Beobachten der Tier- und Pflanzenwelt Hoffnung und Zuversicht. Manchmal werden Bäume zu guten Energiespendern, wenn wir sie umarmen und uns im Vorstellen und Fühlen ihrer tiefreichenden Wurzeln erden. Der Stamm verbindet uns mit der Baumkrone und darf als verbundenes Energiefeld wahrgenommen werden. Im Boden tief verwurzelt und bis mit dem Himmel verbunden zu sein kann für den einen oder anderen eine Brücke zur Anderswelt versinnbildlichen.

7.5 Nahrung

Manchmal sind wir dem Gefühlschaos ausgeliefert. Wie Wellen, die auf Felsen prallen, um sich anschliessend wieder ins Meer zurückzuziehen, schleudern uns die Emotionen hin und her und dies in den unterschiedlichsten Variationen:

- hadernd, nicht wahrhaben wollend
- quälend, den Fragen ausgeliefert, die sich im Gedankenkarussell drehen und wiederholt auftauchen, ohne befriedigende Antworten zu liefern
- wütend darüber, dass wir verlassen wurden und nun allein dastehen
- aushaltend, dass eine (neue) Zukunft (noch) nicht vorstellbar ist und sich das Leben perspektivenlos anfühlt
- weinend, den Kummer von der Seele schwemmend
- dankbar, eine gemeinsame erfüllte Zeit erlebt zu haben
- lachend in der Erinnerung an wundervolle Momente
- realisierend und dankbar, dass Entlastung da ist

...

Trauern braucht Energie, nicht nur geistig und seelisch, sondern auch körperlich. Damit der Körper mit diesem Kraftakt zurechtkommt, braucht er Nahrung. Essen ist eine Energiequelle, die dem Körper hilft, die Not der Seele, die Wucht der Emotionen aufzufangen. Die Trauer führt dazu, dass wir uns kraftlos und ausgelaugt fühlen, und der Körper stellt sich quer, was die Lust auf Essen anbelangt. Nicht selten kriegen wir in solchen Momenten keinen Bissen herunter. Das ist verständlich, aber nicht harmlos, wenn unserem Körper längere Zeit keine Energie zugeführt wird. Er kann symptomatisch mit Schwächezuständen reagieren. Wir können uns ein Glas Wasser vorstellen, das in jedem Trauermoment ein bisschen Wasser verliert. Wenn kein Wasser nachgefüllt wird, ist das Glas irgendwann leer, die Trauer ist aber noch da. Jetzt aber ohne Kraftquelle.

Nahrung als Energiezufuhr ist enorm wichtig, damit der Körper Kraft tanken kann für die Trauerarbeit. Auch wenn kein Appetit zum Essen anregt, kann mit kleinen, regelmässigen Häppchen Energie zugeführt werden. Ich denke da an Trockenfrüchte, Nüsse, Brot, Käsestücke, Fruchtportionen, Cracker … es darf auch mal Schokolade sein oder eine nahrhafte Suppe. Diese Energieportionen ersetzen aber über kurz oder lang kein warmes, nahrhaftes Essen. Vielleicht haben Sie Glück und werden von Freunden oder Bekannten überrascht, bekocht oder zum Pizza essen ausgeführt? Das alles darf sie ablenken, nähren und trösten, ohne über den Verlust sprechen zu müssen. Da wir in Zeiten der Trauer selten genau ausdrücken können, wie es uns geht, was wir gerade fühlen, geschweige denn, was wir brauchen, kann es hilfreich sein, von lieben Menschen an die Hand genommen zu werden. Alles, was sich nährend anfühlt, gibt Körper und Geist Kraft für die Trauer.

7.6 Erholung

Kein Schwerarbeiter trägt seine Lasten allein. Kran, Bagger und Stapler helfen ihm, Lasten zu heben, oder die kollektive Menschenkraft der Arbeitskollegen. Auch mit den besten Hilfen und Helfern braucht der Arbeiter Zeit für Pausen und Erholung. So ähnlich geht es unserem Körper und Geist, wenn wir trauern. Er braucht Auszeiten, um auftanken zu können. Die wirkungsvollste Erholung bringt ein erholsamer Schlaf. Vielleicht kommt der Schlaf nicht wie gewohnt in der Nacht, sondern es packt einen tagsüber die Erschöpfung, und es scheint mir wertvoll, diesem Bedürfnis nachgeben zu können, wenn es die Situation erlaubt. So wie der Körper Nahrung und Energie braucht, benötigt er auch Erholung.

Dem Nachgehen von Alltagsgewohnheiten wie zum Beispiel der regulären Arbeit (oder der Schule für die Kinder) kann eine Form der Erholung sein und dazu beitragen, dass man Abstand von der Trauer gewinnt. Jede Ablenkung durch kleine Dinge wie Putzen, Einkaufen, das Auto Waschen usw. – Dinge, die sowieso erledigt werden müssen – können kleine Pausen und Kraftquellen darstellen.

Um Körper und Geist in längere Ruhe zu bringen, hilft wie gesagt die schlafende Pause. Oft ist es gerade der Schlaf, der nicht einkehren will, weil eben das Gedankenkarussell endlose Kreise zieht. Vielleicht mögen hier beruhigende Musik, meditative Übungen, ein beruhigender Tee o.ä. unterstützend wirken. Möglicherweise hilft jemandem die Homöopathie, Bach-Blüten oder Ähnliches aus der Naturmedizin.

Ist das innere Seelenleben dermassen erschüttert, dass es keine Ruhephasen erlaubt, lohnt sich ein Gespräch mit dem Hausarzt.

7.7 Orientierung

Übergänge verunsichern. Wir verlassen (meist ungewollt) ein bekanntes Terrain und müssen einen neuen Weg finden. Das Unbekannte vernebelt die Sicht, der neue Weg zeigt sich nicht immer von allein. Alte Gewohnheiten, die uns lieber umkehren lassen wollen, statt uns dem neuen Unbekannten zuzuwenden, sind noch zu präsent. Dennoch greifen die bisherigen Gewohnheiten, Denk- und Verhaltensmuster nicht mehr. Vielleicht sind sogar grundlegende Wertvorstellungen ins Wanken geraten.

Diese wacklige Zeit zwischen der alten und neuen Situation ist eine Zeit der Krise und braucht Orientierung. Ein Lichtschimmer auf dem dunklen Weg bringt Mut, wirkt klärend und kann ein Wegweiser für die nächsten Schritte sein. Vielleicht werden wir von lieben Menschen geführt oder eine spirituelle Kraft lotst uns durch die Dunkelheit.

Wir selbst können uns mit Ritualen durch diese Übergangszeit lenken. Vieles gestalten wir intuitiv, wenn wir in Einklang mit unseren Bedürfnissen handeln.

Hier ein kleiner Ideenkatalog, der beliebig ergänzt werden darf:

Rituale mit dem Element Feuer:

- Kerze als Erinnerung / als Lichtquelle / als Trauermoment:

Mit dem Anzünden kann ein bewusster, erhellender Moment in Verbindung zur Trauer geschaffen werden.

- Feuer als Verwandlung:

Die Kraft des Feuers kann genutzt werden, um Worte zu transformieren, die noch einen Adressaten brauchen, oder Gefühle, die verändert werden möchten (zum Beispiel von Wut in Vergebung oder Akzeptanz).

Rituale mit dem Element Wasser:

- Trauer dem Wasser übergeben:

Suche einen Gegenstand in der Natur, der symbolartig die Trauer verkörpert (z.B. verwelkte Blätter eines Baumes, verknorzter Ast o.ä.), übergib sie einem Bach oder Fluss und lass deine Trauer wegfliessen. (Ökologischen Rahmen beachten!)

Rituale mit dem Element Erde:

- Mit der Erde verbinden:

Such im Wald einen Baum, der auf dich kraftvoll wirkt. Umarme ihn, verbinde dich mit ihm, dring in der Vorstellung mit seinen Wurzeln tief und breit in die Erde ein. Spüre die Verbindung zu seiner Krone, auch in dir selbst, und lass die Vorstellung wachsen, dass du dich mit Mutter Erde und der geistigen Welt (oder deiner Gottheit) verbindest.

Rituale mit dem Element Luft:

- Trauer dem Wind übergeben:

Finde einen leichten Gegenstand, der sich mit dem Wind wegtragen lässt und der für dich eine Verbindung zur Trauer symbolisiert (z.B. eine Feder, einen Ballon, verwelkte Blätter usw.). Verbinde Dich mit der Symbolik und deiner Trauer, übergib sie an einem luftigen Tag dem Wind. Deine Trauer oder Teile davon dürfen davonziehen.

Die Trauer sichtbar machen:

- Schreib einen Brief: Was möchtest du dir von der Seele reden bzw. schreiben?

- (Trauer-)Tagebuch führen

- Male ein Bild

- Töpfere eine Skulptur

- Erschaffe eine Steinskulptur, zum Beispiel mit Steinen aus einem Bach

Wähle den Zeitpunkt, wann sich die Figur transformieren darf: Verbrenne das Bild, lege die Steine ins Bachbett zurück, verändere die Funktion oder Form der getöpferten Figur.

Orte der Erinnerung schaffen:

Vielleicht gibt es Orte, die dich besonders an die verstorbene Person erinnern. Orte, wo ihr gemeinsam schöne Stunden verbracht oder etwas Besonderes erlebt habt. Vielleicht hilft das Besuchen dieser Plätze, um sich ganz nah und verbunden zu fühlen. Erinnerungen mögen schmerzen, und gleichzeitig stärken sie, weil dabei Gefühl von verlassener Zurückgebliebenheit mit dem Erleben der Zweisamkeit verschmilzt.

Vielleicht gibt es aber auch Orte der Wut, die an Erlebtes erinnern. Vielleicht darf auch eine solche örtliche Verbindung den Schmerz transformieren.

Auch dieses neue Ausrichten des Kompasses müssen wir nicht allein durchführen. Fachpersonen wie freie Trauerredner, Trauerbegleiter, Ritualbegleiter, Therapeuten u.a. unterstützen gerne.

7.8 Gedankenreise - Meditation

Wenn wir uns in einer unangenehmen Situation befinden, versuchen wir instinktiv, diese zu verlassen. Dies tun wir physisch, in dem wir uns zum Beispiel von einer Gruppe Menschen wegbewegen, in der wir uns nicht wohl fühlen. Je nach Art des Momentes sind wir innerlich gestresst, und ein physisches Wegbewegen hilft nicht. In Gedanken können wir uns immer positive Momente schaffen, indem wir uns an etwas Freudiges und Herzerwärmendes erinnern, oder wir formen im Geist eine aufbauende Umgebung, die all unsere Sinne anspricht und in der wir uns gedanklich, energetisch und emotional stärken können.

Hier eine Anleitung, wie ein positiver Moment verinnerlicht und beliebig abgerufen werden kann:

Positiver Moment:

- Setze oder lege dich entspannt hin.
- Erinnere dich an einen besonderen Moment, in dem du dich glücklich, lebendig und kraftvoll gefühlt hast.
- Halte das Bild fest und beobachte dich darin von aussen.
- Was siehst du? Wie siehst du dich? Welche Körperhaltung hast du?
- In welcher Umgebung bist du? Hat sie Einfluss auf dein Befinden?
- Sind andere Menschen bei dir? Haben sie Einfluss auf dein Befinden?
- Wie fühlt sich dein Körper an? Was hörst du? Was riechst du? Was spürst du? Scanne deinen Körper mit allen Sinnen.
- Speichere dieses Gefühl ab und sei dir bewusst, dass du es hervorholen kannst, wann immer du möchtest. Du kannst es mit einer Symbolik oder Körpergeste verbinden (zum Beispiel Daumen und Zeigefinger zusammenführen) und dein inneres kraftvolle Bild mit dieser Geste abrufen (Ankern).
- Zeigt dieses Bild Stärken von dir auf? Wie kannst du diese in dein aktuelles Leben übertragen?

Anleitung zu einer Gedankenreise zum inneren Raum:

Stell dir vor, du betrittst einen Lift, der dich an einen Ort bringt, der dich stärkt und nährt. Vielleicht hast du Lust, dem Lift den Namen deines Kraftortes zu geben (zum Beispiel Strand, Waldhütte oder so ähnlich). Die Türe öffnet sich, du trittst hinein und siehst die Etagennummerierung. Du befindest dich im 10. Stock, und dein Kraftort befindet sich auf der 1. Etage. Du drückst die Ziffer 1 und fährst langsam hinunter. Stell dir bewusst vor, wie du Etage für Etage hinunterfährst und spür, wie du dabei zur Ruhe kommst. Bewusstes, langsames Atmen unterstützt dich in der Verlangsamung.

10 – 9 – 8 – 7 – 6 – 5 – 4 – 3 – 2 - 1

Die Lifttür öffnet sich und du betrittst einen Raum oder einen Ort deiner Wahl. Es ist ein Ort, an dem du dich zufrieden und geborgen fühlst.

- Vielleicht ist es eine Landschaft am Meer, du bist am Strand und lauschst dem Rauschen des Meeres.

- Oder du bist in einer abgelegenen Hütte tief im Waldesinneren und hörst nur Vogelgezwitscher oder pure Stille.

- Möchtest du ein wohliges Zimmer oder eine Wohnung betreten, dann gestalte und möbliere es in Farben und Formen deiner Wahl.

Wie sieht dein Kraftort aus? Schau dich um, beobachte deine Umgebung. Wie sieht sie aus, was zeigt sich? Was hörst du?

Gibt es Gerüche, die durch deine Nase ziehen? Lass diesen Ort mit all deinen Sinnen auf dich wirken.

Vielleicht siehst du auch Menschen, mit denen du an deinem Kraftort verweilen möchtest. Stell jemanden vor, der dir jederzeit weise mit Rat und Tat zu Seite steht. Du kannst ihn im Geiste Fragen stellen, vielleicht hörst du in der Stille eine (intuitive) Antwort.

Entspanne dich. Hier darfst du sorglos sein. Hier ist Frieden.

Du kannst den Ort jederzeit verlassen, indem du wieder in den Lift steigst. Drück die Ziffer 10 und fahre Etage für Etage hoch.

1 – 2 – 3 – 4 – 5 – 6 – 7 – 8 – 9 – 10

Die Lifttür öffnet sich und du kehrst gestärkt ins Hier und Jetzt zurück.

Variante:

Vielleicht ist dir der Sinn nach Abenteuer oder nach einer inneren, reinigenden Dusche. Du kannst die Etagen in deiner Fantasie nach deinem Gusto füllen. Vielleicht willst du auf der Etage 5 einen Bungee-Jump vollführen oder betrittst auf Etage 2 eine Ganzkörperdusche, die deinen Körper und Geist vom Alltagsballast befreit. Fühl dich frei!

In der Meditation geht es eher darum, die Gedanken und unser Kopfkino ruhen zu lassen. Der Versuch, in eine komplette Stille zu gelangen, benötigt etwas Übung. Einfacher sind geführte Meditationen, die eine bestimmte Atmosphäre erschaffen. Entsprechende Meditationsmusik mit Text bzw. Anleitung gibt es im Handel zu kaufen. Dies können wir unkompliziert zu Hause umsetzen. Eine andere und ebenso wertvolle Erfahrung sind Meditationen in der Gruppe, die von einer Person angeleitet werden. Jeder darf für sich selbst spüren, was kraftvoller wirkt.

Wenn man das noch nie gemacht hat, ist es in einem aufwühlenden Moment wohl besonders herausfordernd, sich auf diese Stille einzulassen. Auch um eine Meditation zu beginnen, sind ein Körperscan und bewusstes Atmen die ersten Schritte. Wer nicht gerade Zen-Meister ist, wird wohl kaum von einem Moment auf den anderen von Hundert auf Null herunterfahren können. Die hektischen Gedanken werden zu Beginn gelenkt, bis der Atem und die innere Wahrnehmung ruhiger werden. Wie gesagt braucht das Abtauchen in eine tiefe Stille etwas Übung. Seine rastlosen Gedanken lenken zu lernen, kann zu einer sinnvollen Übung werden, ohne dass die Stille das Ziel ist. Es geht darum, die Aufmerksamkeit auf den Körper zu richten.

Kurzanleitung Körperwahrnehmung

Lenke deine Achtsamkeit auf deine Füsse: Wie fühlen sie sich an? Spüre den kleinsten bis zum grössten Zeh, nimm die Fussrücken und die Fussballen wahr, dann die Fersen, die Fussgelenke, und weiter die Beine hoch, fühle deine Waden, die Kniekehlen, die Rückseiten der Oberschenkel. Dann über Po und Becken über den Rücken hinauf zu Hals, Genick und Kopf. Lenke dann die Aufmerksamkeit über Stirn und Gesicht auf der Vorderseite des Körpers wieder hinunter. Das Gleiche kann auch innerlich angewandt werden, um die Organe zu «begutachten».

Wahrscheinlich richtet sich die Aufmerksamkeit zuerst auf jene Stellen, an denen wir (körperliche oder seelische) Schmerzen empfinden. Wo tut es weh? In der Brust, im Bauch, in den Schultern? Nur fühlen, ohne dass etwas verändert werden muss. Wahrnehmen. Tauchen Bilder oder Gedanken auf? Hinnehmen, was ist, ohne zu werten und zu richten. Nur verweilen.

Es geht um das Gewahrsein im eigenen Körper. Wenn unser Bauch schmerzt, will er uns vielleicht sagen, dass wir zu viel gegessen haben. Oder es liegt eine Last im Magen, die Angst, Wut oder Trauer bedeuten kann. Intuitiv wissen wir, wenn der Körper mit uns spricht. Bei Stress nehmen wir diese Signale nicht mehr wahr. Ein Bodyscan kann helfen, das Gedankenchaos zu unterbrechen und auf ein Körperbewusstsein umzulenken. Vielleicht gelingt es in einem zweiten Schritt, blockierte Energie wieder fliessen zu lassen. Sei geduldig, nichts muss erzwungen werden. Eine ablenkende Gedankenreise durch den Körper ist wie der Lichtstrahl durch dunkle, vergessen gegangene Räume, deren pulsierender Inhalt täglich für uns da ist und für uns arbeitet.

7.9 Affirmationen

Eine abgekürzte Form der Gedankenreisen sind Affirmationen, so wie sie Laura im Kapitel 3 «Wandel» von ihrer Mutter erinnert bekommt, wenn es ihr nicht gut geht.

Ich bin sicher. Ich bin genug. Ich schaffe das. Ich bin stark.

Es sind positive Wertungen oder starke Aussagen, die uns im Alltag unterstützen und die im Grunde genommen beliebig gestaltet werden können, je nach Situation oder Emotion.

Ich habe im Kapitel 4 «Entwertung und Schuldgefühle» bereits Bezug genommen zur Bach-Blütentherapie. Gerne stelle ich hier einige Affirmationen zu ausgewählten Bach-Blüten und ihren Themen vor:[30]

Von der Selbstentwertung zur Selbstentfaltung (Larch):

Ich kann es. Ich will es. Ich tu es.

Von der Selbstverdammung zum Selbstrespekt (Pine):

Ich darf ... Ich verzeihe mir. Ich bin befreit.

---

[30] Scheffer Mechthild, Die Original Bach-Blütentherapie, 1999, Irisiana

Vom Seelenschmerz zur Seelengrösse (Mustard)

Ich bin leicht. Ich bin heiter. Ich gehe ins Licht.

Vom Aufgeben zum Weitermachen (Gorse)

Ich bin aufrecht. Ich bin hoffnungsvoll. Ich sehe neue Möglichkeiten.

Von der Skepsis zum Vertrauen (Gentian)

Ich bin zuversichtlich. Ich erwarte das Positive. Ich glaube, dass sich alles fügt.

7.10 Unausgesprochenes und Erinnerungen

Manchmal bedeutet das Ende des Lebens die Konfrontation mit dem Unausgesprochenen. Es mag seine Gründe haben, warum wir einige Dinge nicht aussprechen. Angst vor Zurückweisung und Liebesverlust, Angst vor den eigenen Emotionen wie Wut und Ärger, oder ganz einfach, weil der Alltag dominiert und uns in seiner «Dringlichkeit» gefangen hält. Manche Rituale rund um die Bestattung eines Verstorbenen ermöglichen, dem Unausgesprochenen Raum zu geben. Das kann in Form von Text sein, welcher dem Verstorbenen mitgegeben oder in einem Feuerritual verbrannt wird (siehe auch Kapitel 7 Orientierung). Beim endgültigen Abschied darf zu Wort kommen, was unbedingt noch an die Oberfläche gehört. Dies kann die Trauerverarbeitung massgeblich und positiv beeinflussen. Der Verstorbene mag es nicht mehr mit den irdischen Ohren und Augen mitbekommen, symbolisch/energetisch wird es jedoch sicherlich zu ihm getragen. (Diese Symbolhaftigkeit ist abhängig vom Lebenskonzept, an das wir glauben.) Was bleibt nach dem Tod? Die Spuren der Hinterlassenschaft, die Spuren der Erinnerungen in jedem Menschen, dem wir auf Erden begegnet sind. Dies mag bei manchen ein Hauch sein, bei anderen sind es tiefe, prägnante Lebensabdrücke.

Erlebnisse speichern wir in inneren Bildern, manchmal sogar mit dem Wiedererleben von Gefühlen, Gerüchen oder Geräuschen. Ein vom Vater geerbter Handschuh kann noch Jahrzehnte nach dem Verlust jene Geborgenheit vermitteln, die man gefühlt hat, als die kindliche Hand noch in den warmen, starken Händen des Vaters lagen, beschützt und getragen bei jedem Spaziergang. Der Geruch von Glühwein kann wie in einem inneren Film die Erinnerung an gemeinsam besuchte Weihnachtsmärkte aktivieren. Manchmal schmerzen diese Erinnerungen, schlussendlich halten sie aber die Toten im inneren Erleben lebendig.

- Welche Anteile der Erinnerungen nähren dich?
- Wie spürst du das?
- Wo spürst du das in deinem Körper?
- Ankere deine kraftvollen Erinnerungen.

(s. auch positiver Moment)

8 Lebenskurven

Das Leben verläuft nicht geradlinig von einem Abschnitt zum anderen. Gewisse Lebensmomente sind gegeben. Die Geburt steht als Anfang des irdischen Lebens und ist die Quelle unserer Herkunft. Der Tod beendet das irdische Dasein und versinnbildlicht einen Übergang (oder eine Rückkehr) zu etwas Grossem. Ähnlich wie bei einem Gewässer, das klein am Berg entspringt, immer grösser wird, sich anderen Bächen und Flüssen hingibt und schlussendlich in den Ozean fliesst. Auch wir wachsen im Verlauf der verschiedenen Lebensphasen. Alters- und entwicklungsmässiges Reifen in körperlicher und geistiger Hinsicht repräsentieren die Kindheit, die Pubertät, das Erwachsensein, die Wechseljahre und die Seniorenzeit. Im Grundsatz ist dieser Lebenszyklus vorgegeben. Es sind Eckpfeiler, denen wir uns nicht entziehen können. Wie wir uns in diesem Kreislauf bewegen, das können wir jedoch mitbestimmen und beeinflussen. Das macht den Lebensfluss zu einer lebendigen, kurvenreichen (Wasser-)strasse, welche manchmal wild und stürmisch über die Ufer treten kann oder leise als Rinnsal dahinplätschert. Die Wassermenge ist vom Wetter abhängig, jedoch nicht in derselben Art und Weise, wie der Fluss sich durch das Flussbett oder die Landschaft schlängelt. Auch wir Menschen sind manchmal abhängig von äusseren Einflüssen, aber wir sind keine Opfer des Lebens! Unsere Einbettung im Leben (Herkunft, Familie etc.) mag vorgegeben sein; doch was wir daraus machen, liegt in unseren Händen. Wir haben einen freien Willen und dürfen eigenverantwortlich unseren Lebensfluss mitformen. In der Tat hört es sich einfacher an, als es manchmal ist. Die Kurven des Lebens schreien manchmal nach Abkürzungen, die Umwege fühlen sich steinig und schwer an. Und doch sind es meist diese Lebensschritte, die uns stärken. Das Erreichen eines Berggipfels kann erfüllender sein als das Ziel eines einfachen Spazierganges.

Ich habe auf den letzten Seiten über mehrere Herausforderungen geschrieben, die wie Stolpersteine in unser Leben rollen. Wir haben die Wahl, vor diesen Felsbrocken stehen zu bleiben oder sie als Bausteine für etwas Neues zu nutzen. Ob wir es tun und wie viel Zeit wir dafür beanspruchen, entscheidet jeder für sich. Die Quintessenz aus den Darlegungen der Trauerphasen, der Traumata oder des Tai-Chi besteht aus dem Lösen (oder Vermeiden) von Blockaden, die uns dem eigenen gesunden Lebensfluss näherbringen.

Das Gewahrsein im Hier und Jetzt lässt uns das Leben sowie unser Bewegen und Fühlen wahrnehmen und ist schlussendlich der einzige Moment, der uns handlungsfähig macht. Wir können weder in der Vergangenheit noch in der Zukunft etwas verändern. Bewusst leben tun wir im Hier und Jetzt, auch wenn wir manches erst im Nachhinein begreifen. Der Moment (im Glück wie in der Trauer) ist bewegend und will durchlebt werden. Dieses bewusste Bestehen verwandelt Moment des Abschieds oder des Sterbens in Leben.

Ich möchte Mut machen, die kleinen und grossen Hürden des Lebens anzunehmen, in dem wir sie als das sehen, was sie sind. Schicksalsmomente, die Trauer hervorrufen – oder:

Kleine und grosse Tode, die uns das Leben lehren!

---

9 Literaturangaben

Bieri Peter, Eine Art zu leben, Über die Vielfalt menschlicher Würde, S.33/35, 2015, Fischer Taschenbuch (Original Carl Hanser)

Bond Elisabeth, Die Antwort im Wort, Das vielschichtige Wörterbuch, S. 247,1997, Lokwort

Burgdörfer Ludwig, Mein Beileid, Dasein und Anteil nehmen, S. 100/101, 2022, Gütersloher Verlagshaus

Eriksen H. Erich, Identität und Lebenszyklus – drei Aufsätze, S.62, 1998, Suhrkamp

Levine Peter A., Sprache ohne Worte, S. 12, 2023, Kösel

Lindner Reinhard, Schneider Barbara, Leidfaden, Heft 3/2022 – Artikel: Schuld und Scham nach Suizid, S.52-54, Vandenhoeck & Ruprecht

Reuter Wolfgang, Leidfaden, Heft 3/2022 – Artikel: Ent-Schuldigung - eine Illusion?, S.32-34, Vandenhoeck & Ruprecht

Rinpoche Sogyal, Das tibetische Buch vom Leben und Sterben, 2010, S. 47, MensSana Verlag

Scheffer Mechthild, Die Original Bach-Blüten Therapie, Das gesamte theoretische und praktische Bach-Blütenwissen 1999, Irisiana

Tolstoi Leo, Meine Beichte, S. 109/110, 2012, 2021, Anaconda

Links

https://www.bfs.admin.ch/bfs/de/home/statistiken/wirtschaftliche-soziale-situation-bevoelkerung/soziale-situation-wohlbefinden-und-armut/armut-deprivation/armut.html

https://www.geo.de/geolino/natur-und-umwelt/5259-rtkl-feueroekologie-neues-leben-nach-dem-brand

https://www.geschichtedersozialensicherheit.ch/home

https://flexikon.doccheck.com/de/Bedürfnispyramide

www.selfapy.com

https://de.wikipedia.org/wiki/Verantwortung

https://de.wikipedia.org/wiki/Elisabeth_Kübler-Ross

https://www.geo.de/geolino/mensch/19302-rtkl-weisheiten-zitate-des-dalai-lama-die-inspirieren?dicbo=v2-BAUwVpo

www.medios-mediationen.de

https://dejure.org/gesetze/StGB/46a.html

https://de.wikipedia.org/wiki/Hamar_(Volk)

Dokumentarfilm «Morgan Freeman's Story of us"

Milton Keynes UK
Ingram Content Group UK Ltd.
UKHW021905231124
451423UK00006B/570